S. Bär
Forschen auf Deutsch

S. Bär
Forschen auf Deutsch

Der Machiavelli für Forscher -
und solche die es werden wollen

Verlag
Harri Deutsch

Für F.R.W.

Acknowledgements

S. Bär bedankt sich für die Hilfe von HB[*], MS[*], TAR[*], Freddy
Amacher und GAR[*], die Fakten und Geschichten beigesteuert oder
Korrektur gelesen haben, und bei Daniela für den Titel.
Besonders verpflichtet ist der Autor dem COR[*], der Mut zusprach und
viel Zeit in das Büchlein steckte, trotzdem er bald in die höheren Ränge
der Forscher aufgenommen werden wird.

[*] Die Initialen von Personen, die nicht namentlich genannt werden wollen.

Die Deutsche Bibliothek - CIP-Einheitsaufnahme

Bär, Siegfried::
Forschen auf deutsch : der Machiavelli für Forscher und solche
die es werden wollen / S. Bär. Mit Karikaturen von Irena
Volpi. - Thun ; Frankfurt am Main : Deutsch, 1992
   ISBN 3-8171-1208-4

ISBN 3-8171-1208-4

1. Auflage 1992
© Verlag Harri Deutsch, Frankfurt am Main, Thun, 1992
Druck: Fuldaer Verlagsanstalt

Inhaltsverzeichnis

2

3

1. Triton X-100*

Viele wichtige menschliche Antriebe wie Geltungsbedürfnis oder Machtstreben finden, anders als der Laie glaubt, nicht im Bauch, sondern auch in erlauchten Gegenden statt, so im Hirn an den Zellmembranen der Nervenzellen. Zur Untersuchung der Zellmembranen benützt man Seifen. Besonders beliebt ist Triton X-100, ein Polyoxyäthylenäther, der in konzentrierter Form eine schmierige Masse bildet. Das Triton X-100 Molekül hat, wie alle Seifen, ein gespaltenes Wesen. Ein Teil von ihm liebt Fett, der andere Wasser. Die Fetten vereinigen sich zu kleinen Blasen, sogenannten Mizellen. Dort machen sie es sich im Innern bequem und drücken den wasserliebenden Teil nach außen, wo der sich mit der unfreundlichen Umgebung herumschlagen muß.

Die fetten Seifenteile umspannen andere Fettigkeiten, während die wasserliebenden Teile die Fettklößchen am Schwimmen halten müssen und den Bezug zur äußeren Wirklichkeit herstellen. Der Vorgang heißt solubilisieren, auf deutsch "flüssigmachen" oder auch "einseifen". Gewöhnliche Forscher machen Membranproteine oder Lipide flüssig, höhere Forscher die Mittel. Wird viel Fett zu wenig Triton X-100 gegeben, fehlt also der Wettbewerb der Seifenmoleküle untereinander, dann wird die Lösung trübe und tot.

Seifenlösungen schäumen. Schaum ist eine Vereinigung von Blasen. Blasen sind Kleider des Nichts. Sie haben großes Volumen, aber nur wenig Substanz. Das zwingt sie, sich immer in Richtung des jeweils vorherrschenden Luftzugs zu bewegen. Blasen sind Mitläufer. Doch tut ihnen diese Charakterlosigkeit keinen Abbruch. Im Gegenteil, je größer, wesenloser und schillernder die Blase ist, desto bedeutungsvoller und strahlender scheint sie dem kindlichen Gemüt. Schaum ensteht schon bei eifrigem Rühren, doch die Grundlage besonders schöner Blasen, das sagt schon ihr Name, ist ein genau an die richtigen Stellen gerichteter, ausgewogener Luftzug: das Windmachen.

Manche schlagen Schaum, um ihre Langeweile zu vertreiben, der höhere Forscher, um zu beeindrucken und um seine Ruhe zu haben. Bei äußerlich undurchsichtigen Verhältnissen sind nämlich Schaum und Flüssigkeit schwer zu unterscheiden, denn Schaum schwimmt oben und verdeckt den Blick. Die Verhältnisse werden unkontrollierbar. Zudem erhöht fleißiges Schaumschlagen die Waschkraft, woran es liegt, daß höhere Forscher immer eine weiße Weste haben und der Dreck am gewöhnlichen Forscher hängen bleibt.

---

* Triton X-100 is a registered trademark of the Rohm & Haas Co.

4

2. EINLEITUNG

Dieses Buch ist nicht nur für Studenten, Diplomanden, Doktoranden und Assistenten (Postdoks) in den Naturwissenschaften geschrieben, sondern auch für Abiturienten mit Interesse an der Grundlagenforschung. Das Buch schildert - aus dem Blickwinkel des Postdoks - die Welt der gewöhnlichen Forscher, die Probleme der Nicht-Lehrstuhlinhaber, die Aussichten der Leute, die die Arbeit machen, aber nur "Mitarbeiter" heißen. Betont, weil sie dem Autor am vertrautesten ist, wird die biochemisch/ biologische Forschung.

Es gibt zahllose naturwissenschaftliche Lehrbücher, Studienhelfer, Bücher mit Übersichtsartikeln, Bücher über das Schreiben wissenschaftlicher Veröffentlichungen, über wissenschaftliche Kongresse, über experimentelle Methoden und über die Weisheiten berühmter Forscher. In diesen Werken steckt viel Wissen. Trotzdem sind sie von geringem Nutzen für die akademische Laufbahn. Bücher über experimentelle Methoden veralten schnell, und es ist einfacher und billiger, die Methoden aus den Originalveröffentlichungen zu kopieren. Bücher über wissenschaftliche Kongresse dienen dem Ehrgeiz der Organisatoren, ihren Namen auf einem Buchdeckel zu sehen, Studienhelfer helfen höchstens ihren Autoren, und der Quell der Lebensweisheiten berühmter Professoren versickert in den dürren Zahlenreihen der Meßgeräte. Lehrbücher schließlich dienen dem Forscher nur noch zur Zierde seines Bücherregals.

Entscheidend für die Laufbahn des deutschen Forschers ist nicht das Wissen um die Funktion von Promotern* , Wachstumsfaktoren* oder Ionenkanälen*, nicht experimentelles Geschick oder Fleiß. Entscheidend ist die politische Begabung des Wissenschaftlers, die ehrenwerte Gesellschaft der Professoren dazu zu bringen, ihn in ihre Reihen aufzunehmen. Die wirklich brennenden Fragen sind: Wie kriege ich ein eigenes Labor? Wie werde ich ein selbständiger Wissenschaftler? Woher bekomme ich Geld für meine Forschung? Wie steige ich in der Forschungshierarchie auf? Hier schweigen die Bücher. Über diese Geheimwissenschaft gibt es keine einzige Veröffentlichung, vielleicht, weil die überwiegende Zahl der Buchautoren Professoren sind, die zum Leben des gewöhnlichen Forschers keinen Bezug mehr haben.

Was für naturwissenschaftliche Bücher gilt, gilt auch für das Studium. Das Wissen, das dem Studenten der Naturwissenschaften eingetrichtert wird, hilft wenig dabei, sich in der Forschung durchzusetzen und Karriere zu machen. Den Studenten ist nicht einmal klar, wo die Schwierigkeiten der Forschungslaufbahn liegen. Die Arbeitsbedingungen im akademischen Mittelbau sind ihnen so fremd wie jemenitischen Kaffeebauern die Synthese von Koffein. Viele hegen den naiven Glauben,

---

*   Erläuterungen Kapitel 8, Wörterbuch

durch fleißige Arbeit am Labortisch einen sicheren, gutbezahlten Job zu bekommen. Sie täuschen sich. In einer akademischen Forschungskarriere erwartet sie mit großer Wahrscheinlichkeit eine unsichere, schlecht bezahlte und abhängige Existenz. Der durchschnittliche Forscher ist ein armes Schwein, und er bleibt es, solange er akademischer Forscher bleibt. Diese Tatsache und der soziale Aufbau der deutschen Forschung sind dem Studenten so unbekannt wie die Hochzeitsbräuche der Nuer*. Ihm fehlt jede Vorstellung vom Wesen des Professors, der DFG, dem Zweiklassensystem; er weiß nicht einmal, wie man Papers schreibt oder warum man sie schreibt. Der Student ist ein Nichtschwimmer, dem zur Überquerung des Kongo das Gerben von Krokodilleder beigebracht wurde.

---

*   Erläuterungen Kapitel 8, Wörterbuch

Dieses Buch will dem Mißstand abhelfen. Es schildert ohne soziologischen Sprachquark die innere Wirklichkeit der deutschen Forschung. Es ist keine langweilige Festredensammlung, sondern ein kleiner, macchiavellistischer Leitfaden für jene, die in den Tiefen der deutschen Forschung wandeln. Denn es genügt nicht, sich durch den Dschungel der Methoden zu hauen, Wasser in der Wüste mißlungener Experimente zu finden. Wie bei den Entdeckungsfahrten früherer Afrikareisender, wo wichtiger als Klugheit gute körperliche Verfassung und Zähigkeit es war, die lokalen Sitten zu kennen, sich mit Häuptlingen und Medizinmännern gut zu stellen und in langweiligen Palavern deren Wohlwollen zu sichern, so muß der gewöhnliche Forscher die Bräuche und sozialen Strukturen der deutschen Forschung kennen. Sonst kann es auch dem Fleißigsten und Klügsten geschehen, für den Rest seines Lebens einem zweitklassigen Negerhäuptling die Hirse mahlen zu müssen.

Wer sich auf das soziale Risiko einer Forschungslaufbahn einläßt, muß die Spielregeln kennen. Dieses Buch beschreibt sie in Prosa. Das zweite Anliegen von "Forschen auf Deutsch" ist es, darauf aufmerksam zu machen, daß die deutsche akademische Forschung uneffektiv und teuer ist. Sie ist ein Salat aus Planwirtschaft, Oligarchie, Anarchie, mittelalterlichen Organisationsformen und frühkapitalistischer Ausbeutung. Sie ist eine Maschine, in der verbogene Zahnrädchen aus Eisen, Holz und Gummi, die alle Augenblicke ausgewechselt oder ersetzt werden müssen, ineinandergreifen und quietschend, mit ungeheurem Verbrauch an Energie und Schmieröl aus der Steuerpresse, höchst mittelmäßige Produkte liefern.

Der deutsche Forscher wird nicht für wissenschaftlichen Erfolg belohnt, sondern für Rang, Dienstalter, Herkunft, Treue zu Vorgesetzten, unauffälliges Benehmen und politische Begabung. Die Probleme der deutschen akademischen Forschung sind nicht Geld, mangelnde Begabung oder die fehlende Begeisterung des Nachwuchses, sondern schlechte Organisation. "Forschen auf Deutsch" schlägt deshalb auch eine bessere Forschungsorganisation vor.

Ich moechte auch nicht, dass es als Anmassung empfunden wird, wenn ein Mann aus niedrigen und drueckenden Verhaeltnissen die Kuehnheit hat, die Handlungen der Staatenlenker zu eroertern und ihnen Regeln vorzuschreiben; denn wie die Landschaftszeichner ihren Standpunkt in der Ebene suchen um die Beschaffenheit der Berge und hochgelegen Orte zu ueberschauen, und auf Berge steigen um die Beschaffenheit der Taeler zu betrachten, so muss man Herrscher sein, um das Wesen der Voelker zu durchschauen, und man muss ein Mann des Volkes sein, um das Wesen der Herrscher zu erkennen.

Machiabelli, Il principe

3. EIN GLÜCKSSPIEL

Genauso gespannt wie der Lottospieler jeden Samstagabend die Gewinnzahlen erwartet, steht der experimentell arbeitende Naturwissenschaftler Nacht für Nacht vor den Meßgeräten, die Zahlen ausspucken, von denen er glaubt, daß sie über seine Karriere entscheiden. Doch macht der eine für millionenschweren Reichtum einen Einsatz von ein paar Mark, so gibt der andere täglich 3-4 unbezahlte Überstunden und eine ungesicherte Existenz für die Chance, später als Beamter an einem Schreibtisch sitzen zu dürfen. Herrschen im Lotto bei der Gewinnverteilung klare Regeln, so geht es beim Aufstieg in die höheren Ränge der Wissenschaft so chaotisch zu wie im Abfalleimer einer Wohngemeinschaft. Tante Klara, die im Fernsehsessel mit feuchten Fingern ihren Tipzettel hält, beweist größeren Wirklichkeitsinn als ihr schlauer Neffe mit seinem Universitätsstudium. Dessen Laufbahn gleicht einem Glücksspiel, das so mies ist, daß es weder in Monaco noch in Baden-Baden von der Polizei zugelassen werden würde. Die Regeln und Begriffe dieses Spiels werden hier in Stichworten erläutert.

3.0 Die Beschreibung der Spieler

Es gibt zwei Klassen von Forschern. Die gewöhnlichen und die selbständigen Forscher. Zu den gewöhnlichen gehören die Diplomanden, Doktoranden und die Postdoks oder Assistenten (80-90% aller Wissenschaftler). Die selbständigen Forscher sind die Arbeitsgruppenleiter, C3*- und C4*-Professoren sowie die Max-Planck-Direktoren*. Zwischen den Mitgliedern der zwei Klassen ist ein Unterschied wie zwischen Regenwurm und Ringelnatter: Von außen haben sie eine gewisse Ähnlichkeit, aber ihr innerer Aufbau ist völlig verschieden. Die einen fressen im Dunkeln Dreck, die anderen fangen Mäuse.

Die gewöhnlichen Forscher leben wie die unbehausten Handwerksgesellen des 18. Jahrhunderts. Ihre Lehrzeit ist lang, ihr Verdienst gering, ihr Los die Wanderschaft. Dagegen ist der Professor das Ideal eines Meisters des alten Handwerks. Er hat den zünftigen Gedanken vom bescheidenen, aber sicheren Brot verwirklicht, denn sein Einkommen garantiert der Staat, und was als bescheiden gilt, ist Ansichtssache. Wie im alten Handwerk gibt es abgeschlossene Zünfte, Fakultäten genannt, die von den Meistern beherrscht werden; und allein die Zunft bestimmt darüber, welcher Geselle Meister werden darf.

---

*   Erläuterungen Kapitel 8, Wörterbuch

8

Die gewöhnlichen Forscher

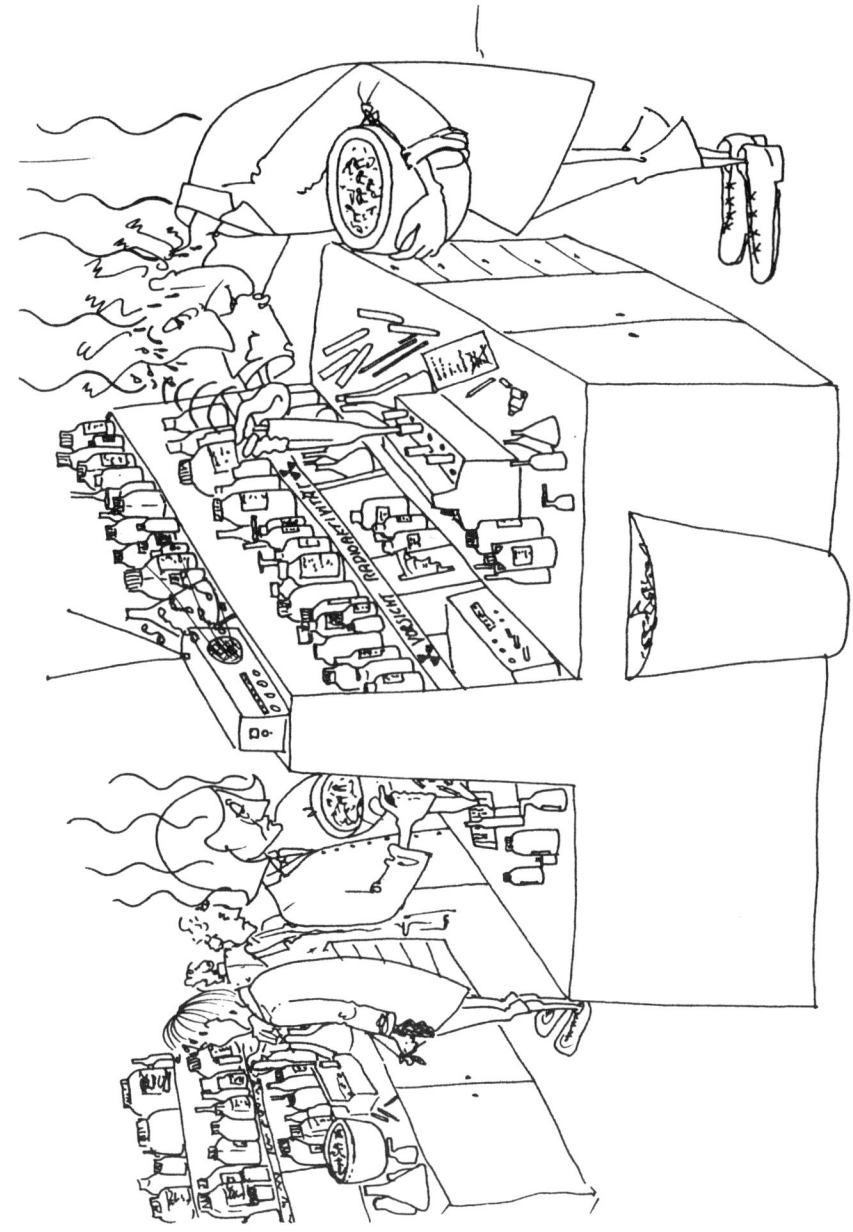

Die gewöhnlichen Forscher arbeiten und entdecken, die selbständigen stellen dar, verwerten, verwalten und kontrollieren. Die Ersteren denken über Strategien zur Lösung wissenschaftlicher Fragen nach, planen Experimente und führen diese am Labortisch aus. Im Alltag heißt das langweilige Pipettiererei*, endlose Meßreihen, unzählige mißglückte Experimente, ergebnislos durchgearbeitete Wochenenden, Enttäuschungen und Selbstzweifel, hin und wieder unterbrochen durch eine mehr oder weniger wichtige Entdeckung. Zusätzliche Zeit wenden die gewöhnlichen Forscher für die Lehre und für die Veröffentlichung ihrer Ergebnisse (Schreiben von Papern, Kongresse) auf.

So ist der gewöhnliche Forscher der Lastesel der Wissenschaft. Er hat lange Arbeitszeiten, wird schlecht bezahlt und trägt, da er nicht fest angestellt ist, die Hauptlast der sozialen Folgen mißglückter Forschungsansätze.

Die Professoren widmen sich dem Management und *verkaufen* die in ihrem Labor gewonnenen Ergebnisse anderen Wissenschaftlern und den Geldgebern. Den größten Teil ihrer Zeit widmen sie Repräsentation, Verwaltungsaufgaben, Lehre, Verhandlungen mit Universitäts- und sonstigen Bürokratien sowie dem Kampf um Geld und Einfluß. Ihre tägliche Arbeit besteht aus Gremiensitzungen, Kongressen, Rechnungsprüfung und Buchhaltung, dem Schreiben von Anträgen, der Kontrolle der Mitarbeiter, der Suche nach neuen Mitarbeitern. Da der Professor für diese Arbeit weder ausgebildet noch im allgemeinen besonders begabt ist, stehen ihm je nach Rang eine oder mehrere Sekretärinnen zur Seite.

Viel Energie und Zeit verschlingt die Teilnahme an einem Spiel mit dem Namen *Das Berufungskarussell*. Nur Lehrstuhlinhaber dürfen daran mitspielen. Die Spielregeln sind ebenso geheim wie kompliziert. Der Autor kennt nur wenige und offensichtlich nicht die wichtigen. Er weiß aber aus eigener Beobachtung, daß das Spiel für die Professoren ungeheuer faszinierend ist, obwohl der Gewinn in der Regel nur in ein paar zusätzlichen Gesellen besteht und mit einem Umzug in ein anderes Institut bezahlt werden muß.

Die Vergoldung der Lehrstühle ist dünn, und das Sitzen darauf kann langweilig werden. Daher hat sich in neuester Zeit bei manchen deutschen Professoren zu dem Ehrgeiz, berühmt zu werden, noch der Wunsch nach Reichtum gesellt. Sie folgen dem Vorbild amerikanischer Professoren, die es durch Gründung, Beteiligung oder Mitarbeit an Biotechnologiefirmen zu Vermögen gebracht haben. Das bedeutet zusätzliche Arbeit, denn der Professor muß Verbindungen zur praktischen Medizin knüpfen (über Diagnostika* ist das meiste Geld zu holen) und sich überlegen, welche Forschungsstrategien kommerziell verwertbare Produkte abwerfen. Er muß auf Kongressen und mit Veröffentlichungen vorsichtig Werbung für sein Produkt betreiben. Er muß in schwierigen Verhandlungen die Gewinnverteilung regeln zwischen der Universität, die das Geld gibt, dem gewöhnlichen Forscher, der die Arbeit macht, und sich selbst, der reich werden will.

---

*   Erläuterungen Kapitel 8, Wörterbuch

Der Kampf der LuC4e um die heilige Maria

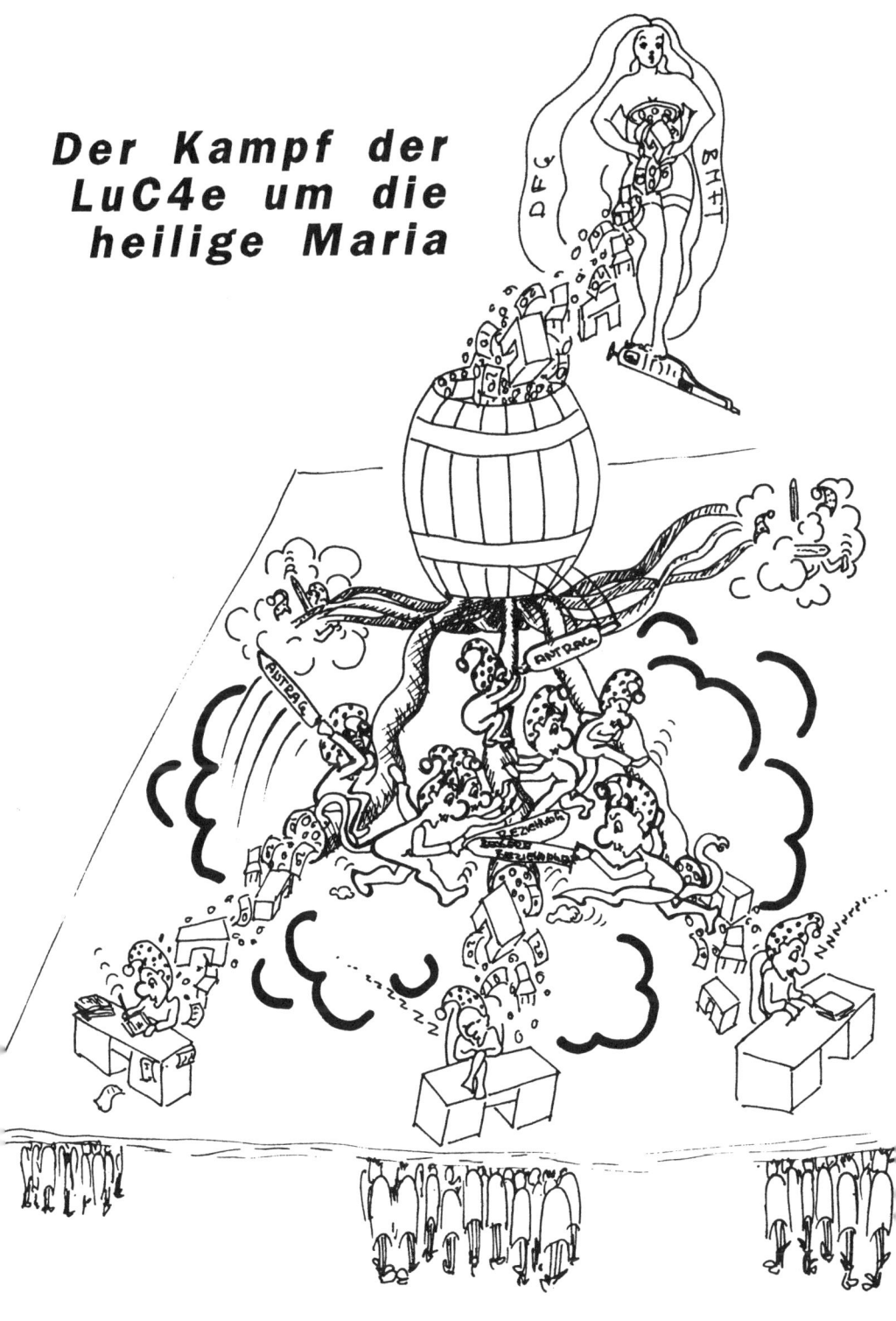

So sehr auch Management die Arbeit des Professors bestimmt, Ansehen unter seinen Kollegen gewinnt er dadurch nicht, vielleicht, weil diese aus eigener Erfahrung wissen, was das Sitzungswesen und die akademische Verwaltungsarbeit wert sind. Ansehen geben wissenschaftliche Erfolge, und die setzen experimentelle Arbeit am Labortisch voraus. Daher hängt das Herz des Professors an der Wissenschaft, die in seinem Labor gemacht wird, und es ist ihm wichtig, seinen Namen auf möglichst vielen Papern in möglichst einflußreichen *Journals* zu sehen.

3.1 Der Gewinn

Das Paper

Was für den Bäcker das Brot, für den Metzger die Wurst, das ist für den Wissenschaftler das Paper. Ein Paper ist ein Aufsatz in einer wissenschaftlichen Zeitschrift, der neue Ergebnisse beschreibt. Die Betonung liegt auf neu, d.h., die Ergebnisse dürfen nicht irgendwo abgeschrieben, sondern müssen durch eigene experimentelle Arbeit begründet werden. Übersichtsartikel (*Reviews*) gelten nicht als Paper.

Das Paper ist das Produkt der wissenschaftlichen Arbeit, die Grundlage des Ansehens des Wissenschaftlers. Wie ein Schreiner an seinen Schränken, so wird ein Wissenschaftler an seinen Papers gemessen.

Ein Paper ist angelegt in Titel, Autorenliste, Zusammenfassung (Abstract), Einführung, Methoden, Ergebnisse, Diskussion und Referenzen. Die Zusammenfassung oder das Abstract enthält, in ein paar Sätzen knapp formuliert, die wichtigsten Ergebnisse der Arbeit. Die Einführung gibt - unter kräftiger Betonung des eigenen Anteils - einen kurzen Überblick über das Forschungsgebiet und dessen Entwicklung. Im Ergebnisteil werden die Resultate der Arbeit ohne Wertung mit Hilfe von Tabellen, Figuren und Fotos dokumentiert und dargestellt. Die Diskussion faßt die eigenen Ergebnisse noch einmal kurz zusammen und erklärt und vergleicht sie mit den Ergebnissen anderer Wissenschaftler. Schließlich bietet der Diskussionsabschnitt die Möglichkeit, neue Hypothesen aufzustellen, alte zu stürzen oder seinen Gegnern auf vornehm akademische Art eins auszuwischen. Die Beweisführung wird unterstützt durch den Verweis auf Papers anderer Wissenschaftler.

In den Referenzen werden die Papers aufgelistet, deren Ergebnisse in der vorliegenden Arbeit erwähnt wurden. So beschreibt man experimentelle Methoden, die in anderen Papers schon beschrieben wurden, nicht noch einmal, sondern verweist auf (zitiert) das betreffende Paper. Das spart Papier und gibt dem betreffenden Wissenschaftler ein bißchen Publizität. Papers werden in Englisch geschrieben, und das Bestreben des Forschers ist es, sie in einer angesehenen englischen oder amerikanischen Zeitschrift zu veröffentlichen.

Die Autorenliste des Papers

Die Autoren eines Papers werden unter dem Titel aufgelistet. Nicht jeder Autor hat gleich viel zu der Arbeit beigetragen. Das wird in der Reihenfolge der Autoren zum Ausdruck gebracht. Erstautor (der erste auf der Liste) ist derjenige, der bei der Arbeit die Initiative geführt und den größten Arbeitsanteil geleistet hat. Es ist der Erstautor, der in der Praxis für das Paper verantwortlich ist. Die Zweit-, Dritt- (usw.-) Autoren (die zweiten, dritten usw. auf der Liste) lieferten ergänzende Beiträge. Ihr Publizitätsgewinn aus dem Paper ist geringer als der des Erstautors. Die wichtige Ausnahme ist die letzte Stelle der Autorenliste. Diese Position nimmt im allgemeinen der Seniorautor ein. Ihm unterstellt man die geistige Führung der Arbeit. Seniorautor ist meistens der Laborleiter.

Schließlich gibt es noch den korrespondierenden Autor. Er übernimmt den Briefwechsel mit dem Editor, die Sonderdruckanforderungen und die Anfragen anderer Wissenschaftler. Korrespondierender Autor und Seniorautor sind meistens identisch. Im Grunde hat die Autorenliste eines Papers nur zwei angesehene Positionen: die erste und die letzte. Der erste hat die Arbeit gemacht, der letzte profitiert davon. Es bleibt zu sagen, daß die Autorenreihenfolge eine stillschweigende Übereinkunft ist, die nie offiziell festgelegt wurde, die aber jeder kennt und an die sich jeder hält.

Vom Paperschreiben

Hat die experimentelle Arbeit genügend Ergebnisse geliefert, dann wird ein Paper geschrieben. Was genügend ist, bestimmt bei Anfängern der Laborleiter. Fleißiges Zeitschriftenlesen entwickelt später ein Gespür für die Art und Menge an Ergebnissen, die ein Paper ausmachen.

Da das Ansehen eines Wissenschaftlers von der Anzahl seiner Publikationen abhängt, versucht er, aus seinen Ergebnissen so viele Publikationen wie möglich herauszuschlagen. Da gibt es die Überlappungsmethode: Das Hauptergebnis einer Untersuchung wird mehrmals in verschiedenen Zeitschriften veröffentlicht, indem man es mit wechselnden Nebenergebnissen verziert. Mühsamer, weil mit mehr Schreibaufwand verbunden, doch heilsam für magersüchtige Publikationslisten, ist die Methode der kleinsten publizierbaren Einheit. Das Ergebnis wird in einzelne Teilergebnisse aufgespalten und diese getrennt veröffentlicht. Besonders schlagkräftig dagegen ist die Lawinenmethode. Das Resultat wird ohne Schnörkel, als Lawinenkern, in einer schnellen Zeitschrift veröffentlicht, um den Neuigkeitswert nicht zu verlieren. Danach werden zusätzliche Experimente aufgepappt, das Ergebnis ausführlich von hinten und vorn belegt und das Ganze in einer langsamen, aber angesehenen Zeitschrift noch einmal publiziert. Das Wassermilchverfahren schließlich mischt einem unbedeutenden Ergebnis, das allein keine Veröffentlichung rechtfertigen würde, alte, längst veröffentlichte Experimente zu. Dabei achtet der verantwortungsbewußte Profi darauf, daß die ollen Kamellen a) in einer anderen Zeitschrift, b) in neuer grafischer Form dargeboten werden.

Auf jeden Fall versuchen die Autoren, ihren Artikel in einer bekannten, viel gelesenen und möglichst angesehenen Zeitschrift unterzubringen: Das Ansehen einer Zeitschrift strahlt nämlich auf die Autoren ihrer Artikel zurück. Bei Zeitschriften mit hohem Ansehen läuft man allerdings Gefahr, daß der Artikel abgelehnt wird, denn hohes Ansehen und Exklusivität sind Geschwister. Um den zeitraubenden Begutachtungsprozeß nicht mehrmals durchmachen zu müssen und damit den Neuigkeitswert des Artikels zu verlieren, schickt man das Paper an eine Zeitschrift, von der man glaubt, daß ihr Ansehen der Qualität des Papers entspricht. Die Entscheidung, an welche Zeitschrift die Arbeit geschickt werden soll, wird bestimmt vom Thema der Arbeit, der Einschätzung ihrer Qualität und von ihrem Neuigkeitswert. Auch politische Gründe spielen eine Rolle, z.B. gute Bekannte im Editorial board. Da die Politik die Domäne des Laborleiters ist, hat er meistens das letzte Wort in der Wahl der Zeitschrift.

Während sich der Laborleiter von den niederen Verrichtungen des Forschens, dem aufreibenden Experimentieren zurückhält, am Paperschreiben zeigt er eifersüchtiges Interesse, denn diese Beschäftigung fällt in die Bereiche *Schreibtischforschung* und *Repräsentation nach außen*. Trotzdem wird das Paper in seinen wesentlichen Teilen (Methoden, Ergebnisse) vom Erstautor geschrieben, denn nur dieser kennt sich im Labyrinth seines Laborbuchs aus. Der Laborleiter hält sich an den vornehmen, philosophischen Teil des Papers, die Diskussion. Die Coautoren schreiben ihren Beitrag zum Ergebnis- und Methodenteil selbst. Sie zeigen, da sie in der Autorenliste nicht an prominenter Stelle stehen, nur begrenztes Interesse.

Die fertige erste Version wird dem Laborleiter vorgelegt, der nach Herzenslust darin herumstreicht und, seiner maßgeblichen Ansicht nach, verbessert. Der Erstautor bekommt den Schrieb wieder zurück, schreibt seinerseits um, macht vielleicht noch zusätzliche Experimente, und zurück geht das Ganze an den Laborleiter. So wandert das Paper, wie ein Ping-Pong-Ball, 3 bis 30 mal zwischen Erstautor und Laborleiter und eventuell noch den Coautoren hin und her. Die Schreib- und Verbesserungsprozedur kann Wochen bis Monate dauern. Sie wird beendet, wenn die Autoren mit dem Aufsatz zufrieden sind oder geistige Erschöpfung eingetreten ist.

Beim Paperschreiben gibt es öfter handfesten Krach zwischen Erstautor und Laborleiter. Steht der erstere mehr auf dem Boden der Tatsachen, so fliegt des anderen Phantasie über die methodischen Grenzen hinweg. Undiplomatische Aufklärungsversuche des Erstautors verursachen schmerzhafte Risse im Selbstbewußtsein des Laborleiters, der wiederum den Erstautor durch die Verstümmelung seiner vermeintlich eleganten Ausführungen zur Weißglut bringt.

Auch bei Fragen nach der Reihenfolge und Anzahl der Autoren des Papers zeigt es sich, daß der Naturwissenschaftler, im Volk gemeinhin für trocken und gefühllos gehalten, doch menschlicher Regungen fähig ist. Verletzte Eitelkeit und Neid wetteifern mit Sturheit und Überheblichkeit. Intriganten spitzen die Auseinandersetzung zu. Parteien bilden sich, Verbündete werden gesucht. Den Gegnern geht die Würde des akademischen Forschers zunehmend verloren. Wie die kleinen Kinder rennen sie dem Professor die Bude ein, um ihn auf ihre Seite zu ziehen. Der läßt das Süppchen kochen, bis sich die Beteiligten genügend bloßgestellt haben. Wie ein Halm im Widerstreit der Winde neigt er sich mal zu der einen, mal zu der anderen Seite. Das ist zwar schlecht für die Arbeitsleistung des Labors, aber es stärkt seine moralische Stellung. Schließlich, seine unmittelbaren Interessen sind ja nicht berührt, er ist auf jeden Fall Seniorautor, bemüht er sich um einen gerechten Richterspruch. Das aber gelingt ihm selten, denn inzwischen sind die Fronten verhärtet, die Gegner eingegraben. Zudem kann er in den Detailfragen, um die es geht, nicht mitreden und seine humanistischen Gemeinplätze, jüngere Professoren kramen oft ihr 68er Gedankengut aus der Mottenkiste, weichen die Interessenlager nicht auf. Die Folge ist die Bildung von feindlichen Gruppen, die trotz des häufigen Wechsels der Mitarbeiter Jahre überdauern.

Ein kleiner Leitfaden durch die Phraseologie des wissenschaftlichen Papers

Die Sprache des Wissenschaftlers ist reich an eleganten Umschreibungen seiner Unwissenheit, Unwillens oder Unvermögens. Besonders oft werden diese in der Introduction und Discussion von Papers und Forschungsanträgen verwendet. Ihr formelhafter Charakter rührt vom häufigen voneinander Abschreiben.

Wie es geschrieben steht	Was es bedeutet
appears to play an important role in	ist vielleicht beteiligt an
may be therapeutically useful for	ist therapeutisch nicht verwendbar
Therapeutic approaches involving X are expected to be of rapidly increasing importance in the future	Es gibt keine therapeutischen Anwendungen von X
These phenomena appear to be consistent with It is generally accepted that The results indicate that	wir glauben, daß
appears to be an excellent choice to	vielleicht ganz brauchbar für
The observation suggests that there are at least two different components in the response to substance X	Keine Ahnung wie X funktioniert
drug X induced a variety of pharmacological actions	Der Wirkungsmechanismus der Verbindung X ist unbekannt
It will be important to check whether	Wir prüfen gerade
To our knowledge, this is the first paper which reports that	Ein mickriges Ergebniß zwar, aber wir haben es wenigstens als Erste gefunden

15

To our knowledge, the nature of X has not been determined previously	Wie oben, aber feiner
Of the scores of Y proteins, known to exist, only a handful have been purified	Zu dem Dutzend gereinigter Y Proteine haben wir das dreizehnte gesellt
Several lines of evidence demonstrate that	es würde es uns gut in den Kram passen, wenn
Drug Y could be an important pharmacological tool to Drug Y is a promising tool to	Wir wissen nicht, wozu Y gut ist
We tentatively assign a molecular mass of x Kd to this protein	Die Molekulargewichtsbestimmung ist mißlungen
The X-sensitive receptors are supposed to be involved in neuronal plasticity, Alzheimers disease, Parkinsons disease, Cancer and HIV	Wir kennen die Funktion dieser Rezeptoren nicht, brauchen aber dringend neue Forschungsgelder
we have been unable to reproduce the results of Miller& Meyer, 1989 contrary to the results of Miller&Meyer 1989	Müller & Meier veröffentlichten Mist
Preliminary experiments showed that	Wir hoffen, daß
The purpose of this study was	Wir haben
These results were confirmed by Waterbird et al., 1990	Wir haben die Ergebnisse vor Wasservogel et al., 1990 publiziert
This approach could be a potentially powerful means of	Diesen Ansatz könnte man auch noch ausprobieren
Carefully conducted this strategy has the potential to generate secure and comprehensive information on	Dieser Ansatz führt zu nichts
Our results confirm and extend previous conclusions that	Wir haben die Experimente anderer wiederholt, damit man nicht auf den ersten Blick sieht, wie mager das Paper ist
Besides the obvious scientific value of this study, an understanding of the structure of X may also be important clinically	Der wissenschaftliche Wert der Untersuchung ist durchschnittlich und eine klinische Anwendung nicht absehbar
These findings should enhance the knowledge of	Wir können mit diesen Ergebnissen vorläufig nichts anfangen
The binding of ligand X is of reasonably high affinity	Ligand X ist ein schlechter Ligand

16

Die wissenschaftlichen Zeitschriften

Wissenschaftliche Ergebnisse werden in Form von Aufsätzen (Papers) in wissenschaftlichen Zeitschriften veröffentlicht. Die Zeitschriften erscheinen wöchentlich, 14tägig, monatlich oder vierteljährlich. Sie haben einen Verleger (Editor), der von Beratern, den Mitgliedern des Editorial board, unterstützt wird. Der Editor und die Mitglieder des Editorial board sind Professoren.

Es gibt Zeitschriften, die Papers über einen breiten Bereich, von der Geologie bis zur Neurochemie, veröffentlichen, wie *Nature, Science* oder *The Proceedings of the National Academy of Sciences, USA (PNAS)*. Andere Zeitschriften decken einen großen Teilbereich ihrer Wissenschaft ab. In den Biowissenschaften sind das das *Journal of Biological Chemistry (J. biol. Chem.)*, *EMBO Journal (EMBO J.)*, *Cell*, *European Journal of Biochemistry (Eur. J. Biochem.)*, *Journal of Cell Biology (J. Cell biol.)*. Zeitschriften wie *Neuron, Synapse, Mitochondrion* beschränken sich auf ein bestimmtes Themengebiet, und es gibt Zeitschriften, die nur neue Arbeitsmethoden veröffentlichen, wie *Analytical Biochemistry*. Zwischen ihrer Wichtigkeit und der Häufigkeit des Erscheinens scheint die Beziehung, je unbedeutender, desto seltener, zu bestehen.

Die wissenschaftlichen Zeitschriften unterscheiden sich nicht nur in ihren Themen, sondern auch in einer Größe, die sich mit Wichtigkeit, Wertschätzung, Ansehen, kurz mit Prestige umschreiben läßt. Je mehr eine Zeitschrift davon besitzt, um so häufiger wird sie gelesen, desto bekannter sind die Namen der Editors und der Mitglieder des Editorial board, um so mehr Zitate erhalten die in ihr veröffentlichten Arbeiten durchschnittlich und um so strenger ist die Auslese unter den zur Publikation eingereichten Papers. Mit anderen Worten, das Prestige einer Zeitschrift steigt mit dem Verhältnis der zur Veröffentlichung eingesandten zu den angenommenen Arbeiten. *Science* z.B. nimmt nur jedes 5. bis 10. eingesandte Paper zur Veröffentlichung an. Oben in der Prestige-Rangliste der Biowissenschaften stehen *Nature, Cell, EMBO J., Science* und das *PNAS*, gefolgt von *J. biol. Chem., Journal of Physiology, Biochemistry* und dem *Eur. J. Biochem.* .

Fast alle Zeitschriften werden heute in Englisch publiziert. Die Besseren und Besten werden auch in angelsächsischen Ländern verlegt und gedruckt. Gute deutsche wissenschaftliche Zeitschriften kann man an zwei Fingern abzählen, und deutsch ist nur ihr Titel. In den Biowissenschaften verteidigt allein *Hoppe-Seylers "Zeitschrift für Physiologische Chemie"* den deutschen wissenschaftlichen Aufsatz. Ein einsamer Ritter, der, weiß der Teufel warum, nicht im Science Citation Index aufgeführt ist.

Nicht besser steht es um die deutschen populärwissenschaftlichen Zeitschriften. Der einzige Lichtblick, das *Spektrum,* ist die deutsche Übersetzung des *Scientific American*. Der steht zu *Bild der Wissenschaft* wie die *New York Times* zur *Bildzeitung*.

In *Nature* und *Science* erscheinen regelmäßig Artikel über Wissenschaftspolitik. Die deutschen Gegenstücke *Naturwissenschaftliche Rundschau* oder *Die Naturwissenschaften* halten Todesanzeigen, Ehrungen oder Lehrstuhlbesetzungen für wichtiger. Ihre (seltenen) Artikel über Wissenschaftspolitik erreichen weder den Stil noch die Sachlichkeit der Angelsachsen. Abgefaßt in geschwollenem Beamtendeutsch klingen sie wie Hofberichterstattungen, in deren Wortschatz es von *Spitzenforschung, hochqualifiziert, Zukunftsinvestition* wimmelt. Veröffentlichungen der Bundesregierung (z.B. *Informationen Bildung und Wissenschaft*) schließlich sind hohles Stroh in Jauche: fast völlig informationsfrei und durchtränkt mit schmierigem Byzantinismus.

Science kann es sich leisten, gelegentlich Witze zu drucken. Deutsche Zeitschriften beziehen ihre Seriosität aus dem trockenen Ernst, mit dem sie ihre akademischen Ladenhüter anbieten.

Von den Hunderten von Zeitschriften der Biowissenschaften liest der Durchschnittswissenschaftler nur das Dutzend der bekanntesten und angesehensten wie *Nature, Science, Cell, EMBO J., J. biol. Chem.* und andere. Lehrbücher ignoriert er. Das *Lesen* besteht darin, die Artikelüberschriften im Inhaltsverzeichnis zu überfliegen (in einer Ausgabe des *J. biol. Chem.* z.B. stehen 60-70 Artikel) und sich dann einen oder zwei Artikel herauszupicken, von denen er das Abstract und vielleicht noch die Diskussion durchliest. Nur Artikel aus dem eigenen, engsten Arbeitsgebiet liest der Forscher vollständig und aufmerksam durch. Trotzdem verbringt er einen beachtlichen Teil seiner Zeit mit dem Kopieren von Papers, die dann, oft ungelesen, gestapelt oder in Ordnern abgeheftet seinen Schreibtisch zieren. In seiner Zeitnot gilt dem Forscher das Kopieren für geistige Besitzergreifung. Es hat den Rang einer rituellen Handlung, die den umständlichen Lesevorgang ersetzt. Kopieren beruhigt den Forscher, schenkt ihm inneren Frieden und das Gefühl, keine wichtige Information verpaßt zu haben.

Die meisten Zeitschriften führen ein Mauerblümchendasein auf den Bibliotheksregalen, werden selten gelesen, fast nie zitiert und dienen als Müllhalde für mißglückte experimentelle Ansätze, nicht deutbare Ergebnisse oder langweilige Fleiß- und Wiederholungsarbeiten. Trotzdem schießen diese Mauerblümchen aus allen Ritzen der Fachgebiete, sind so zäh und langlebig wie Unkraut. Zwei mächtige Triebkräfte halten sie am Leben: das finanzielle Interesse der Verlage und die Eitelkeit der Wissenschaftler.

Wissenschaftliche Zeitschriften sind für die Verlage ein gutes Geschäft. Artikel erhält der Verlag umsonst, denn für Papers wird kein Autorenhonorar bezahlt. Dazu hat der Verlag in den Bibliotheken einen sicheren Abonnentenkreis. Eine einmal abonnierte Zeitschrift wird selten wieder abbestellt. Selbst wenn sie keiner liest, stört sie doch auch niemanden. Zum Abbestellen dagegen ist ein Energieaufwand notwendig: Die Kollegen müssen befragt, Bürokraten informiert, Briefe und Begründungen geschrieben werden. Dem Verlag kann es also gleich sein, ob die Zeitschrift gelesen wird oder nicht, bezahlt wird so oder so.

Den kleinen Abonenntenkreis gleicht der Verlag durch hohe Preise aus. Ein Heft von 40 bis 80 Seiten kostet zwischen 6 und 90 DM, wobei der Preis der Zeitschriften in umgekehrter Beziehung zur Qualität ihrer Artikel steht. Je mieser die Artikel, desto geringer ist das Ansehen der Zeitschrift, um so seltener wird sie angeschafft, um so kleiner ist die Auflage, desto höher die Kosten je Heft. Ausgaben für Privatpersonen sind oft um die Hälfte billiger als solche für die öffentlichen Bibliotheken. Diese Differenz hängt vielleicht mit der Gewinnspanne des Geschäfts zusammen.

Auch der Wissenschaftler geht nicht leer aus. Er sonnt sich in dem Glanz eines Editor- oder Editorialboardpöstchens. Seine Post und damit seine Bedeutung nehmen zu. Zudem erscheint der Name des Editors und seiner Kumpane publizitätsfördernd auf dem Klappentext.

Der Science Citation Index

Jedes Paper hat eine Referenzliste. Daher ist es möglich zu zählen, wie oft ein bestimmtes Paper in anderen zitiert wurde. Die Zählarbeit wird vom National Institute for Scientific Information in Philadelphia, USA, durchgeführt und jährlich im Science Citation Index (SCI) veröffentlicht. Für jedes Paper werden aus etwa 3000 wissenschaftlichen Zeitschriften eines Jahrgangs diejenigen Papers herausgesucht, in denen das erstere erwähnt (zitiert) wurde. Unter dem zitierten Paper werden die Arbeiten, in denen es im jeweiligen Jahr zitiert wurde, nach Autor, Zeitschrift, Band und Seite aufgelistet. Einen Ausschnitt aus dem SCI zeigt Fig. 1.:

Figur: 1

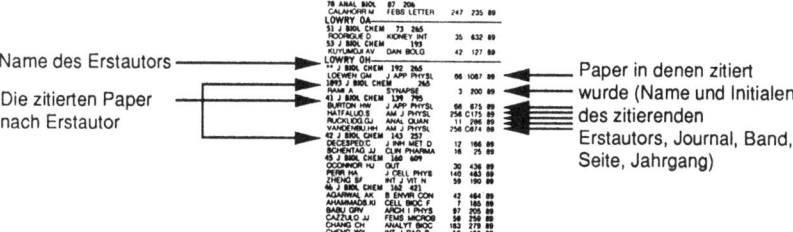

19

Der SCI gibt einen Überblick über die Arbeiten eines beliebigen Autors, indem er auflistet, wie oft und von wem seine Arbeiten zitiert worden sind. Jeder Student sollte, bevor er sich für eine Karriere in der Forschung entscheidet, unbedingt einen Blick in den SCI werfen. Es wirkt ernüchternd, diese Ansammlung von Wälzern zu sehen, die, dicken Telefonbüchern gleich, meterweise Regalplatz einnehmen und voll sind mit den Namen von Tausenden und Abertausenden von Forschern, die es alle zu etwas bringen wollen.

Forscher jeder Sorte sehen sich gern zitiert, und der Autor weiß sowohl von Postdoks, die sich abends heimlich in die Bibliothek schleichen, um die Zitate ihrer Arbeiten zu zählen, wie von Professoren, die einen Wutanfall bekommen, wenn sie die Arbeiten ihres Labors nicht in den Papers der Konkurrenz erwähnt finden.

Manche Papers werden oft zitiert, andere selten oder gar nicht. In den Biowissenschaften vereinigt ein gut zitiertes Paper im Verlauf von mehreren Jahren zwischen 40 und 80 Zitate auf sich, d.h., es wird 40 bis 80 mal in anderen Papers erwähnt. Klassiker bringen es auf Hunderte, in seltenen Fällen auf Zehntausende von Zitaten. Letztere beschreiben meist grundlegende Methoden, die von vielen Wissenschaftlern verwendet werden. Rekordhalter ist Lowry et al. (1951) *J. biol. Chem.* 193, 265-275 mit 187626 Zitaten, gefolgt von Lämmli, U. (1973) *Nature* 227, 680-685 mit 59549 Zitaten (bis 1988). Der Erste beschreibt, wie die Konzentration von Proteinen in Lösung bestimmt werden kann, der Zweite eine Gelelektrophoresemethode*, die Proteingemische nach dem Molekulargewicht auftrennt.

Das Streben nach einem vorurteilsfreien Maßstab zur Beurteilung eines Papers hat dazu verführt, die Anzahl der Zitate als Qualitätsmaßstab eines Papers anzusehen. Man unterstellt, daß eine Arbeit, die häufig zitiert, auch oft gelesen wird und gute, originelle Ergebnisse beschreibt, die für die Arbeit anderer Wissenschaftler wichtig sind. Zitierte Papers wären Papers mit Wirkung. Veröffentlichungen dagegen, die nie oder selten zitiert werden, vermitteln keine neuen Erkenntnisse, würden selten gelesen und hätten keinen Einfluß auf Arbeit oder Denkweise anderer Wissenschaftler. Die Gegner dieser Theorie wenden ein, daß Papers nicht deswegen zitiert werden, weil sie gut, originell oder von grundlegender Bedeutung sind, sondern weil sie den Standpunkt oder die experimentellen Ergebnisse des Zitierenden bestätigen. Auch schreibt man Zitate hin und wieder wegen der Bequemlichkeit aus einer Arbeit oder einem Übersichtsartikel ab, ohne sie je gelesen zu haben. Der Autor hat z.B. Lowry et al. (1951) oder Lämmli, U. (1973) in fast jeder seiner Veröffentlichungen zitiert, beide Papers aber bis zum heutigen Tage nicht gelesen, und auch in seinem Bekanntenkreis ist das die Regel. Nicht zu unterschätzen ist der Einfluß persönlicher Beziehungen auf die Zitierungshäufigkeit. Papers werden zitiert, weil man mit den Autoren befreundet ist, oder umgekehrt, sie werden nicht zitiert, wenn man den Autor nicht leiden kann. Der Leitsatz: Zitierst du mich nicht, dann zitiere ich dich auch nicht, ist ebenso kräftig am Werk wie die Eitelkeit

---

* Erläuterungen Kapitel 8, Wörterbuch

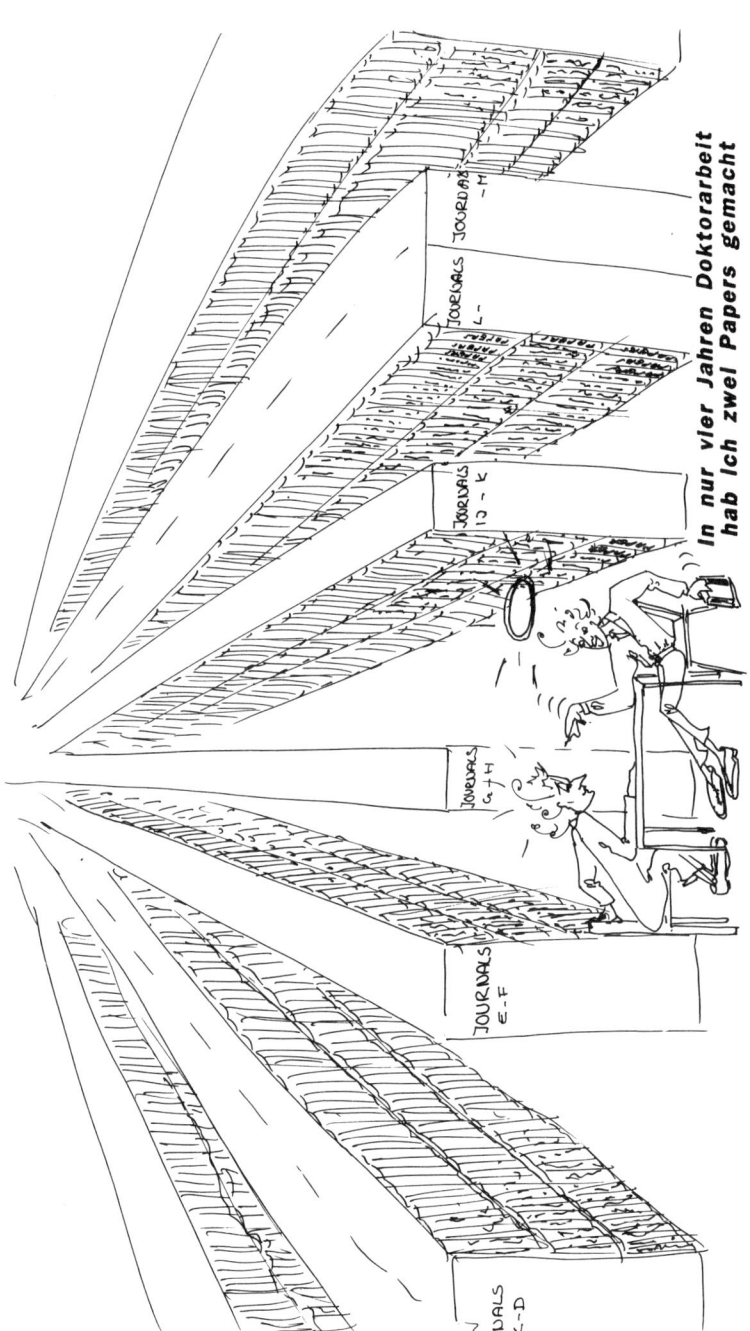

In nur vier Jahren Doktorarbeit
hab ich zwei Papers gemacht

des Zitierenden, die ihn möglichst viele eigene Papers zitieren läßt (sog. Selbstzitierung). Mitglieder des Editorial board der für das Paper ausgesuchten Zeitschrift oder Wissenschaftler, die man für wahrscheinliche Gutachter hält, werden zitiert, um es mit ihnen nicht zu verderben. Schließlich spielt auch noch der Matthäus-Effekt eine Rolle (Matthäus 13, *wer hat, dem wird gegeben*); veröffentlichen zwei Wissenschaftler, ein bekannter und ein Neuling, gleichzeitig ähnliche Ergebnisse, so erhält der bekannte Wissenschaftler mehr Zitate. Wie der Bekanntheitsgrad eines Filmstars hängt die Zitierungsanzahl einer Arbeit von vielen Einflüssen ab, die Qualität ist nur eine davon.

Wie dem auch sei, Arbeiten, die gar nicht, nicht einmal von ihren eigenen Autoren, zitiert werden, sind verdächtig. In der Biochemie und Molekularbiologie liegt die Anzahl derartiger Werke weltweit bei 20%, in der Medizin zwischen 40 und 50% (*Science* 250, 1331-1332 (1990)). Wer jetzt sagt, daß ein Gutteil der naturwissenschaftlichen Veröffentlichungen weniger wert ist als das Papier, auf dem sie gedruckt wurden, was wird der erst von den Sozial- und Politikwissenschaften denken. Dort werden 75 bzw. 90% aller Veröffentlichungen ignoriert.

Der Wirkungsfaktor einer Zeitschrift

Der Wirkungsfaktor einer Zeitschrift ist eine jener künstlichen Größen, die ihr Dasein ihrer Berechenbarkeit verdanken und der Illusion, daß hinter jeder exakten Zahl auch eine faßbare Bedeutung stecke. Der Wirkungsfaktor gehört damit zur Zeitschrift wie das Kurs-Gewinn-Verhältnis zur Aktie.

Der Wirkungsfaktor einer Zeitschrift für das Jahr X ist das Verhältnis der Zitate, die ihre Artikel der Jahre X-1 und X-2 im Jahre X erhielten, zu der Anzahl ihrer Artikel in den Jahren X-1 und X-2. Um den Wirkungsfaktor einer Zeitschrift z.B. für das Jahr 1988 zu erhalten, werden ihre Artikel von 1986 und 1987 gezählt. Dann wird bestimmt, wieviel Zitate diese Artikel im Jahre 1988 erhalten haben. Das Verhältnis der Anzahl der Zitate (in 1988) zur Anzahl der Artikel (von 1986 und 1987) ist dann der Wirkungsfaktor der Zeitschrift von 1988. Die meisten Wissenschaftler sprechen dieser Zahl, wie überhaupt der Zitatenzählerei, jegliche Bedeutung ab, vor allem dann, wenn diese Werte dazu benutzt werden sollen, ihre Leistung zu kontrollieren. Trotzdem vergleicht manch ein Berufungskomitee in der Qual der Wahl heimlich die gesammelten Zitate der Kandidaten. Obwohl es niemanden gibt, der das Zitatezählen öffentlich fordert, gibt es doch immer mehr, die es öffentlich ablehnen. Zeichen die zeigen, daß die Zitatzählerei zunimmt, wenn auch zaghaft und zögernd.

Die Wirkungsfaktoren wissenschaftlicher Zeitschriften liegen zwischen 0 und 20, bei Zeitschriften, die viele Übersichtsartikel (Reviews) veröffentlichen, auch darüber. Die Wirkungsfaktoren der meisten Zeitschriften sind erstaunlich konstant und bleiben über Jahrzehnte hinweg in einer engen Bandbreite (Figur 2).

Figur 2: Zeitabhängigkeit des Wirkungsfaktors

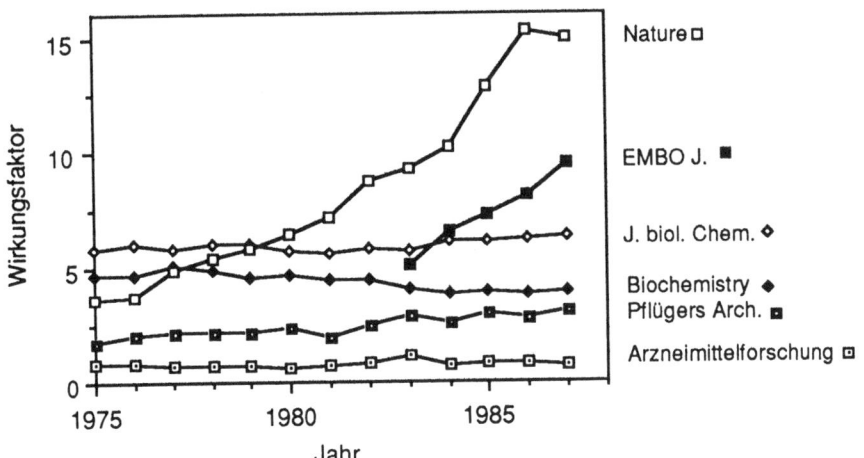

Bei einigen wenigen Journalen, z.b. neueingeführten wie dem *EMBO J.*, ändert sich der Faktor mit der Zeit, doch gehen die Änderungen immer in die gleiche Richtung.

Der Wirkungsfaktor einer Zeitschrift ist kein Maß für die Güte eines einzelnen Artikels, er gibt lediglich die Häufigkeit an, mit der ein **durchschnittlicher** Artikel der Zeitschrift zitiert wird. Der Wirkungsfaktor mißt damit eine schwammige Mischung aus Sichtbarkeit, Ansehen und Bekanntheitsgrad der Zeitschrift. *Nature* und *Science* stehen in höherem Ansehen als *FEBS Letters* oder das *Biochemical Journal*, und entsprechend waren 1986 die Wirkungsfaktoren von *Nature* oder *Science* fünfmal höher als die von *FEBS Letters* oder vom *Biochemical Journal*.

Sichtbarkeit ist die Voraussetzung von Ansehen, denn nur was sichtbar ist, kann angesehen werden. Sichtbar sind Zeitschriften, die in jeder wissenschaftlichen Bibliothek ausliegen, häufig erwähnt und oft gelesen werden. Der Forscher zitiert ungern, was er nicht kennt, und bevorzugt zitiert er Artikel, die er selbst gelesen hat. Am häufigsten gelesen werden die angesehensten und bekanntesten Zeitschriften wie *Cell, Nature, Science, PNAS, J. biol. Chem.* Artikel aus diesen Zeitschriften haben damit eine größere Chance, zitiert zu werden, als Artikel aus Zeitschriften, die wenige kennen oder lesen.

Schließlich stehen in angesehenen Zeitschriften mit hohem Wirkungsfaktor öfter gute Artikel. Das ist eine einfache Konsequenz aus der Tatsache, daß die Editoren bekannter Zeitschriften die größere Auswahl zwischen guten Artikeln haben.

Dafür sorgen zwei Gründe. Erstens veröffentlichen die Forscher aus Eitelkeit ihre Arbeiten lieber in einer angesehen Zeitschrift. Zweitens sorgt ihre Selbstzensur dafür, daß die Qualität der eingesandten Arbeit etwa dem Ansehen der Zeitschrift entspricht, denn das vermeidet Ablehnung und Zeitverlust. Kein Wunder also, daß Ansehen und Bekanntheitsgrad wissenschaftlicher Zeitschriften mit ihrem Wirkungsfaktor korrelieren. Allerdings schlagen sich auch andere Einflüsse wie die Themenbreite der Zeitschrift im Wirkungsfaktor nieder. Untersuchungen über die Beziehung zwischen Ansehen und Wirkungsfaktor einer Zeitschrift gibt es nicht. Dazu müßte man das Ansehen definieren und eine Meßvorschrift angeben. So könnten die Wissenschaftler in einer Umfrage die Zeitschriften benoten. Das Ansehen einer Zeitschrift wäre dann, *per definitionem*, das Mittel dieser Noten. Unabhängig davon gäbe auch das Verhältnis von zur Veröffentlichung eingeschickten und abgelehnten Papers ein Maß für das Ansehen einer Zeitschrift an. Wie oben erwähnt, wünscht der Wissenschaftler sein Werk in möglichst angesehenen Zeitschriften zu veröffentlichen, denen daher viele Papers zugeschickt werden. Da die Seitenzahl einer Zeitschrift sich in bestimmten Grenzen bewegt, muß ihr Editor einen großen Teil der eingeschickten Papers ablehnen. Je mehr Papers die Zeitschrift ablehnt, um so höher wird sie eingeschätzt; denn wie bei Discotheken, Nobelautos oder Clubs liegt dem Ansehen die Exklusivität zugrunde.

Es ist keineswegs so, daß in angesehenen Zeitschriften mit hohem Wirkungsfaktor nur gute Artikel veröffentlicht werden; doch Prestige gibt es allemal, ein Paper in *Nature* oder *Cell* zu haben. Der Name der wissenschaftlichen Zeitschrift, die das Paper veröffentlicht, wirkt wie eine Beurteilung des Papers, und die Wissenschaftler fassen den Namen der Zeitschrift, die ihre Werke veröffentlicht, wie eine Note auf. Eine Veröffentlichung in *Nature* entspricht der Note "sehr gut", während eine Veröffentlichung in z.B. *Arzneimittelforschung* am anderen Ende der Skala liegt.

Durch eine Zahl oder Note für die Qualität eines Papers ließen sich die Papers und damit die Arbeit verschiedener Forscher zahlenmäßig miteinander vergleichen. Damit würde eine Stellenverteilung nach Verdienst möglich, die der Vetternwirtschaft und Kungelei an den Universitäten einen Riegel vorschöbe.

Das Peerreview[*]

Ein fertiges Paper wird in mehreren Kopien und einem Begleitbrief des Seniorautors an den Editor einer Zeitschrift geschickt. Bei einer guten Zeitschrift liest der Editor den Aufsatz, lehnt ihn dann ab oder gibt ihn an zwei von ihm ausgewählte Gutachter (Referees) weiter. Referees sind Wissenschaftler, die an verwandten Themen arbeiten bzw. arbeiten lassen. Ihre Gutachten sind unbezahlt und werden anonym an die Autoren weitergegeben. Anonymität ist notwendig, um den armen

---

[*]   Erläuterungen Kapitel 8, Wörterbuch

Referee vor den Nachstellungen unzufriedener Autoren zu schützen. Die Autoren haben auf die Auswahl der Referees nur geringen Einfluß. Bei manchen Zeitschriften können die Autoren Referees vorschlagen, oder sie können den Verleger bitten, das betreffende Paper nicht an die Konkurrenz zu schicken. Der Verleger ist aber an diese Vorschläge nicht gebunden.

In der Regel werden nur selbständige Wissenschaftler zum Referee gewählt. Postdoks scheinen die Verleger für unqualifiziert oder für zu beschäftigt zu halten. Das Verfahren hat deshalb auch die treffende Bezeichnung *Peerreview** (Die Adligen richten sich selbst!). Trotzdem überlassen die Professoren das Referieren oft ihren Mitarbeitern, entweder weil sie diesen eine Gunst bezeigen möchten oder weil sie selbst keine Zeit haben oder sich nicht kompetent genug fühlen. Die Referees lesen das Paper durch, prüfen, ob die Schlußfolgerungen experimentell genügend belegt sind, und schätzen ab, ob Qualität, Originalität und Sensationswert des Papers den Ansprüchen der Zeitschrift genügen. Das Gutachten wird dann an den Verleger der Zeitschrift geschickt, der über die Publikation entscheidet.

Wenn beide Referees das Paper befürworten, wird es angenommen und ist im Druck *(in press)*. Oft aber verlangen die Referees noch Änderungen oder zusätzliche Experimente. Diesen Forderungen wird, soweit sie nicht mit großem experimentellem Aufwand verbunden sind, nachgekommen. Das verbesserte Paper wird mit einem Begleitbrief, in dem die Änderungen beschrieben und begründet sind, an den Verleger zurückgeschickt und geht, wenn dieser damit zufrieden ist, in Druck.

Nicht selten kommt es vor, daß die Veröffentlichung des Papers von einem Referee abgelehnt, vom anderen dagegen befürwortet wird. Dann entscheidet der Verleger oder ein dritter Referee über die Annahme. Wenn beide Referees das Paper ablehnen, wird es normalerweise auch vom Verleger nicht angenommen und zusammen mit den anonymen Gutachten der Referees an die Autoren zurückgeschickt. Die Ablehnung ist für diese Zeitschrift endgültig. Das ist aber kein Grund zur Verzweiflung. Abgelehnte Papers kommen in den besten Familien vor. So wurde die Arbeit, die die Grundlage der Verleihung des Nobelpreises von 1988 an Michel, Deisenhofer und Huber bildete, 1984 von *Nature downgeturnt* und landete im *Journal of Molecular Biology*. Die gleiche Zeitschrift lehnte es auch ab, die Entdeckung des Zitronensäure-Zyklus* zu veröffentlichen, die Hans Krebs später den Nobelpreis einbrachte. Trotzdem sorgt eine Ablehnung für lange Gesichter bei den Autoren, vor allem beim Erstautor. Er muß das Paper, in dem die Arbeit von Monaten, oft Jahren steckt, für eine zweite Zeitschrift umschreiben. Dabei berücksichtigt er die Kritik der Referees der ersten Zeitschrift. Der Prozeß des Begutachtens wiederholt sich. Da die zweite Zeitschrift im Prestigeniveau meistens tiefer liegt, sind die Referees nachsichtiger, bei manchen Zeitschriften wird auch gar

---

*   Erläuterungen Kapitel 8, Wörterbuch

nicht referiert. Ist das Paper dann endlich im Druck, ist die Sache für den Forscher gelaufen. Lediglich die Druckfahnen müssen später noch auf Fehler durchgesehen werden.

Das Peerreview ist nicht unumstritten. Seine Gegner bringen zwei Einwände vor:

a) Die Referees werden ausgenutzt,

b) Die Referees profitieren zuviel.

Mit Ausnutzen ist gemeint, daß Paperreferieren eine undankbare Aufgabe sei. Die gründliche Überprüfung eines wissenschaftlichen Aufsatzes und die Anfertigung einer Expertise brauchen Tage. Der Wissenschaftler wird dafür weder bezahlt noch gewinnt er an Ansehen. Postdoks treten nicht einmal gegenüber dem Verleger in Erscheinung, ihr Urteil wird unter dem Namen des Laborleiters an den Verleger geschickt, der es anonym an die Autoren weitergibt. Dies, so sagen viele, schlägt sich auf die Qualität der Expertisen nieder.

Andererseits wird den Referees die Arbeit nicht nur durch das erhebende Gefühl versüßt, über das Werk eines womöglich ungeliebten Kollegen entscheiden zu dürfen. Sie bekommen auch einen Informationsvorsprung und können die Veröffentlichung von Papers der Konkurrenz oder ihnen mißliebigen Kollegen verhindern oder wenigstens verzögern.

Als Ausweg ist vorgeschlagen worden, die Referees entweder zu bezahlen oder im Paper zu erwähnen. Außerdem sollten die Papers den Referees anonym, ohne Autorenliste, vorgelegt werden. Letzteres ist zwecklos. Ein Gutachter wird die Herkunft eines Papers am Stil, den verwendeten Methoden und an der Referenzliste erkennen (Selbstzitierung). Auch werden die Gutachten nicht besser, wenn die Referees dafür bezahlt werden. Die Bezahlung ist ja gleich für gute und für schlechte Arbeit. Bezahlte Gutachten wären lediglich eine neue Pfründe für das professorale Einkommen. Würde der Name des Referees oder das Gutachten selbst zusammen mit dem Paper veröffentlicht, müßte sich der Referee zu genau überlegen, was er schreibt. Diese Praxis würde Rachefeldzügen, Anfeindungen, endloser Rede und Widerrede Tür und Tor öffnen. Es wäre nicht mehr gewährleistet, daß der Referee wirklich seine Meinung sagt.

Das Peerreview ist trotz seiner Schwächen das bestmögliche Verfahren. Alle Zeitschriften, die etwas auf sich halten, haben es mit nur geringen Abweichungen, z.B. in der Anzahl der Gutachter, übernommen. Mit dem Peerreview wird man noch eine Weile leben müssen.

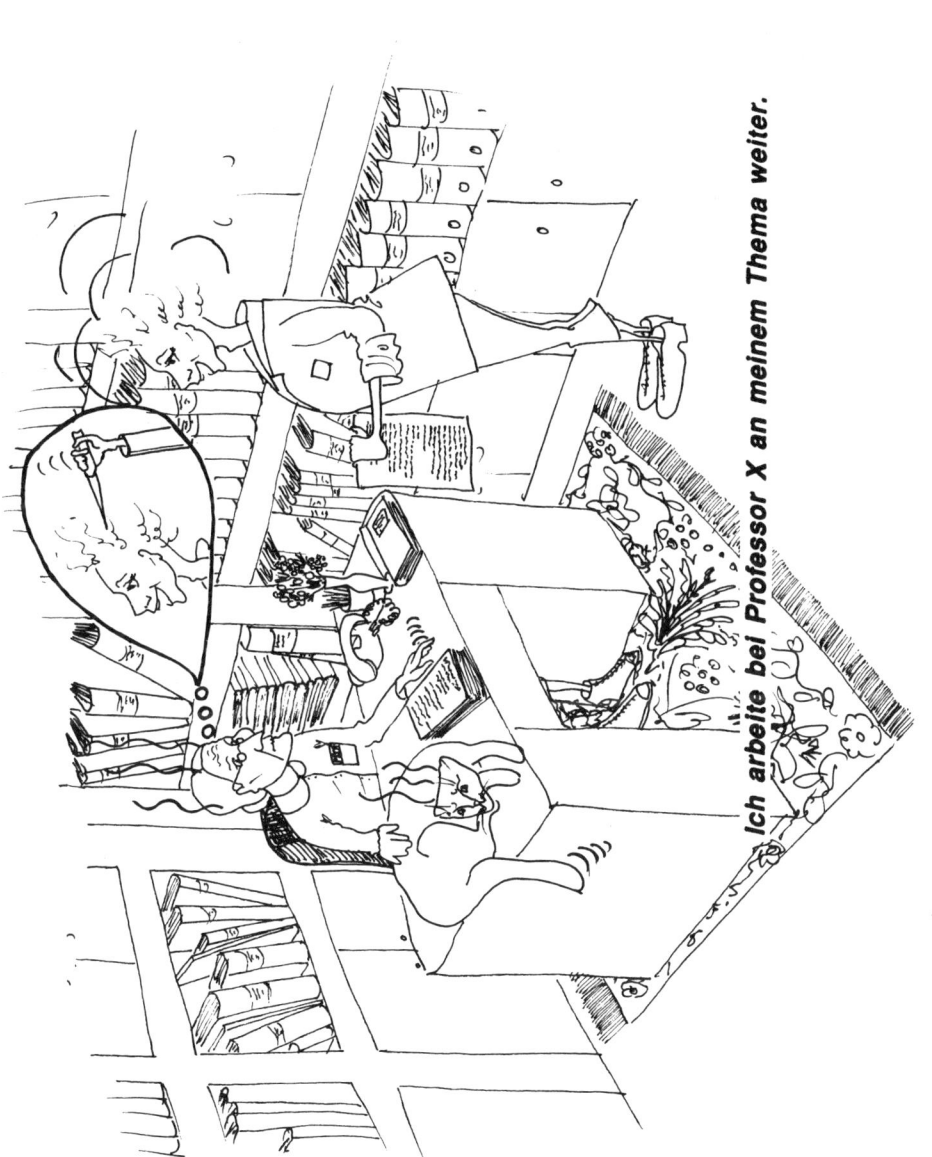

Ich arbeite bei Professor X an meinem Thema weiter.

3.2   Die Verlierer

Der Hiwi

Ein Hiwi, Hilfswilliger, ist ein Student, der ein paar Wochen für einen Doktoranden oder Postdok arbeitet, um das Arbeitsklima und die Techniken verschiedener Labors kennenzulernen. Der Hiwi wird mit gut eingeschossenen Methoden beschäftigt, die dem Forscher zu langweilig sind oder für die ihm die Zeit fehlt, wie die Reinigung von Enzymen*, Antikörpern*, Rezeptoren* oder Plasmiden*.

Der Hiwi arbeitet freiwillig. Sein Antrieb ist Interesse, Neugier und die undeutliche Vorstellung, etwas Gutes für den späteren Lebensweg zu tun. Er wird für seine Arbeit nicht bezahlt, es sei denn, sie ist langweilig wie Laborgeschirr spülen oder ekelhaft wie Ratten schlachten.

Frisches Gewebe ist für Proteinreinigungen oder mRNA*-Präparationen unabdingbar, daher müssen in manchen Labors jede Woche, im Fließbandverfahren mittels Guillotine oder Kohlendioxidgas, bis zu 200 Ratten umgebracht werden. Eigenartigerweise ist dieses Handwerk bei den Forschern, die es betreiben müssen, noch unbeliebter als bei den Tierversuchsgegnern, die dagegen demonstrieren. Liegt auch über dem reinen Gewissen der Letzeren ein Grauschleier von Scheinheiligkeit, so machen sie sich doch wenigstens nicht die Finger schmutzig.

Um die Ratte für die Guillotine vorzubereiten, faßt der Forscher das quiekende und stinkende Tier am Schwanz und betäubt es durch einen kreisförmigen Schlag gegen die Tischkante. Das ist ein brutales, aber faires Verfahren, denn für Sekundenbruchteile der Angst bekommt die Ratte die Chance, den ungeschickten Forscher in den Finger zu beißen. Bei schweren Tieren, Laborratten können so groß wie Katzen werden, kann allerdings, unter der vereinten Wirkung von Erdanziehung und Zentrifugalkraft, die Schwanzhaut reißen. Der Forscher hat dann die Haut wie einen abgestreiften Handschuh in der Faust, während die Ratte geschält, mit blutig-nacktem Schwanzknorpel, das Weite sucht. Vergasen mit Kohlendioxid wirkt menschenfreundlicher, ist aber nicht rattenfreundlich, denn das Tier riecht das Gas und saust minutenlang in Todesangst im Käfig umher.

Das betäubte, noch zuckende Vieh wird unter die Guillotine gelegt, der Kopf wird abgeschnitten und die Ratte am Schwanz in den Abguß gehängt, damit das Blut abtropfen kann. Aus der Leiche werden, in teilweise mühseliger Kleinarbeit, die Leber oder das Gehirn oder sonst ein Organ herausgeschnitten.

---

*   Erläuterungen Kapitel 8, Wörterbuch

Geschlachtet wird meist in fensterlosen Räumen mit schlechter Durchlüftung, wodurch der Gestank der Nager noch stundenlang in Kleidern und Nase haftet.

Gegen diese Arbeit gibt es ein sicheres Gegenmittel: die Allergie gegen Rattenhaare. Professoren haben sie immer, und mit zunehmender Laborerfahrung und Klugheit wird auch der gewöhnliche Forscher davon befallen. Das ist eine der biologischen Entwicklungen, die dem Bedarf nach Hiwis zugrunde liegen.

Bei Arbeiten wie der beschriebenen bekommt der Hiwi einen wissenschaftlichen Hilfskraftvertrag über eine bestimmte Anzahl Wochenstunden. Der bescheidene Stundenlohn kann, unter der Hand und nach dem Gesetz von Angebot und Nachfrage, durch Verringerung der Arbeitszeit aufgebessert werden. Hiwiarbeit wird dem Studium nicht angerechnet, obwohl der Student selbst beim Rattenschlachten mehr lernt als in manchen Universitätspraktika.

Nach 4-6 Wochen wird dem Hiwi, auch ohne Ratten, die Laborarbeit langweilig, und er gibt den Löffel bzw. Spatel ab. Die Begeisterung des Anfängers verflüchtigt sich eben schnell in der erdigen Mühsal der reinen Wissenschaft, vor allem dann, wenn den Idealen der nötige finanzielle Rückhalt fehlt. Zum ersten, aber nicht zum letzten Mal in seiner wissenschaftlichen Laufbahn taucht in dem zukünftigen Wissenschaftler der Verdacht auf, er werde ausgenützt. Ein kluger Hiwi läßt sich die Techniken beibringen und bekommt Zahnschmerzen oder eine kranke Oma, wenn er sie routinemäßig anwenden soll. Erstaunlich viele Hiwis sind klug, und daher ist ein Hiwi für den Forscher kurzfristig ein Verlustgeschäft. Der Aufwand des Lehrens und Einarbeitens ist höher als die vom Hiwi geleistete Arbeit, zumal sich der Forscher auf die gelieferten Ergebnisse in der Regel nicht verlassen kann. Doch der Hiwi von heute ist der Diplomand von morgen. Der Forscher kann sich ein Urteil über ihn bilden. Er kann feststellen, ob der Mann Ehrgeiz und Begabung für experimentelle Arbeit hat, ob er sich als Zugpferd für den eigenen Karrierekarren eignet. Dazu kommt, daß ein Hiwi, nützlich oder nicht, das Prestige erhöht und die Eitelkeit kitzelt, denn auch der Forscher liebt es, einen Untergebenen zu haben, dem er befehlen kann.

Der Diplomand

Das Diplom gilt als Abschluß des naturwissenschaftlichen Studiums. Es besteht aus Diplomprüfung und Diplomarbeit. Die Diplomprüfung ist angewandte Gedächtnisakrobatik, die Diplomarbeit dagegen kann eine wissenschaftliche Herausforderung sein. Oft ist sie die erste Berührung des Studenten mit wissenschaftlicher Arbeit.

Die Diplomarbeit dauert zwischen 1/2 und 1 Jahr. Sie muß in einem Labor der Universität durchgeführt werden. Ein Wechsel zu anderen Universitäten oder Max-Planck-Instituten wird nicht gern gesehen und ist oft schlicht verboten. Diejenigen, die den Studenten ausgebildet haben, wollen jetzt auch die Früchte ihrer Mühen genießen. Der Diplomand ist nämlich der denkbar billigste Arbeiter: Er arbeitet umsonst.

Bei der Themenwahl geht der Diplomand ähnlich vor wie ein Laie beim Gebrauchtwagenkauf - und wie dort wird er häufig aufs Kreuz gelegt. Er erkundigt sich bei verschiedenen Arbeitsgruppen nach Themen, und je nach Marktlage oder Glück bekommt er auch mehrere Angebote. In den Marktwert der verschiedenen Arbeitsgruppen der Universität und in deren Arbeitsgebiete wurde der Diplomand während des Studiums nicht eingeführt. Entscheidend für seine Wahl sind daher die Beredsamkeit des Gruppenleiters, die symphathische Ausstrahlung des Betreuers und ob er sich unter dem Thema etwas vorstellen kann. Sind auch die Arbeitsgruppe und vor allem der Betreuer an dem Diplomanden interessiert, bekommt er einen Arbeitsplatz eingeräumt, dazu drei verstellbare Pipetten und eine halbe Schreibecke. Fertig ist der Nachwuchsforscher.

Der Betreuer, in der Regel ein promovierter Wissenschaftler (Postdok), leitet den Diplomanden an, ein kleines wissenschaftliches Problem zu bearbeiten. Für den Betreuer ist die Einstellung des Diplomanden ein Roulettspiel. Er muß ihn in sein Arbeitsgebiet einführen und anlernen. Das kostet Arbeit und Zeit. Der Betreuer macht diesen Einsatz, weil er sich von dem Diplomanden einen Gewinn in Veröffentlichungen verspricht (der Betreuer zeichnet auf dessen Papers als Koautor). Der Diplomand aber ist ein unbeschriebenes Blatt, er hat noch nie wissenschaftlich gearbeitet und besitzt keine Referenzen außer seinen Prüfungsnoten. Wer daraus die Eignung eines Diplomanden zu praktischer wissenschaftlicher Arbeit ablesen kann, der schätzt auch aus dem Blöken eines Schafes auf das Wollgewicht beim Scheren. Hier macht es sich bezahlt, Hiwi gewesen zu sein, denn hat der Forscher die Wahl zwischen mehreren Bewerbern, so wird er seinen ehemaligen Hiwi, den er kennt und dem er sich verpflichtet fühlt, einstellen.

Nach der Lösung des Problems oder nach Ablauf der Zeit werden die Methoden und Ergebnisse in der schriftlichen Diplomarbeit niedergelegt. Die schriftliche Diplomarbeit umfaßt ca. 50-100 DIN-A4-Seiten, die, geheftet in mehreren Kopien (je nach Universität bis zu 50), beim Rektorat abgegeben werden müssen. Ihre Abfassung beansprucht Wochen bis Monate, und die anfallenden Kosten trägt der Diplomand.

Es kommt vor, daß die Ergebnisse einer Diplomarbeit interessant genug sind, um in einer wissenschaftlichen Zeitschrift veröffentlicht zu werden. Trotzdem muß für die Universität eine Diplomarbeit geschrieben werden. Wer gut gearbeitet hat, wird also nicht belohnt, sondern bestraft. Er muß seine Ergebnisse zweimal beschreiben, für die Zeitschrift und für die Universität.

Der Meßneger

enthält Rosinen in einem Quark aus Bedürfnißlosigkeit, Ehrgeiz und Naivität

Kurzes Kraushaar durch die Strahlenbelastung

Heiligenschein:
wer täglich 12 h arbeitet
hat keine Zeit zum Sündigen

Große Ohren, um zu hören, was der Professor sagt

Nachts durcharbeiten gibt Tränensäcke und kleine Augen

breite Lippen drücken Sinnenfreude aus: kann auch langweiligsten Meßreihen Lust abgewinnen

eingedrückte Nase vom Schlafen an Bibliothekstischen

Pipetierdaumen

Maßgerechte und schweißfreie Arbeitshände, die sich in Plastikhandschuhen wohlfühlen

Behaarte Brust:
ein Zeichen männlicher Ausdauer bei hoffnungslosen Projekten

Amulett

1 Kugelschreiber,
1 Filzschreiber (schwarz) zum Beschriften von Flaschen und zum notieren sensationeller Ergebnisse

Tasche: enthält 2 getragene Plastikhandschuhe, 4.2 alte Papiertaschentücher, 1 2ml Spritze, und 2.5 Gummibällchen (statistischer Durchschnitt)

Langes, weißes Gewand gegen Säure- und Rattenblutspritzer

eingelaufene Hose aus einem Karstadt-Sonderangebot

keine Socken: Ausdruck unkonventionellen Lebensstils

Steht leicht links und an der Bench, daher ausgeprägt große, tragfähige Füße

Der Pharmareferent

Von der Wissenschaft leben nicht nur die Wissenschaftler, sondern auch, und bedeutend besser, ein ganzer Wirtschaftszweig. Diese Firmen stellen spezielle Apparate her, wie Elektrophoresegeräte*, Zentrifugen*, pH-Meter*, Pipetten, oder sie verkaufen seltene Pharmaka, Enzyme, Antikörper, Nachweistests und Toxine*. Manche glauben dem Absatz ihrer Waren durch Pharmareferenten Nachdruck verleihen zu müssen. Der Pharmareferent betreibt Marketing und Verkauf durch die Pflege des persönlichen Kundenkontakts, ansonsten ähnelt er dem Vertreter wie die Steuer der Abgabe.

Beim Besuch steht der Referent eine Weile am Eingang herum und versucht, die Aufmerksamkeit eines Forschers zu erregen. Diese vermeiden seinen Blick und gehen mit gesteigerter Intensität ihrer Beschäftigung nach. Der Referent stört und wirkt im Anzug mit Krawatte, elegantem Lederköfferchen und der Ausstrahlung eines Sektenwerbers unter den schmuddelig gekleideten Wissenschaftlern wie ein Hausschwein in einer Rotte Wildsäuen. Dem Referenten ist das gleich, denn er hat seinen Auftrag, seine Erfahrung und eine Ausbildung in Verkaufsgespräch und Strategie. In entschuldigender Haltung fragt er einen, der in der Nähe steht und nicht allzu beschäftigt erscheint, ob er Interesse an den Produkten der Firma habe. Der Forscher hat keines, aber Hemmungen, das zu sagen. Der durchschnittliche Akademiker hat nämlich, unseliges Erbe seiner linken Studentenjahre und der humanistischen Bildung, eine butterweiche Seele gegenüber sozial Tieferstehenden, und dafür hält er den Referenten, obwohl der Forscher das um nichts in der Welt zugeben würde. Die klare Hausfrauenlosung: "Wir kaufen nichts!" bringt er nicht über die Lippen. So muß er einen Vortrag über sich ergehen lassen, der ihn nicht interessiert und von dringenden Arbeiten abhält.

Der Forscher kennt die Produkte der Firma und deren Wert in der Regel besser als der Firmenvertreter. Von ihrer Existenz weiß er durch eine Unzahl von Katalogen, die ganze Regale füllen und ihm von den Firmen regelmäßig zugeschickt werden. Das sagt der Forscher aber nicht, denn aus bitterer Erfahrung weiß er, daß er damit nur endlose Diskussionen auslösen würde. Sein Bestreben ist es, den Referenten so schnell wie möglich loszuwerden, um weiter experimentieren zu können. Das spürt der Referent, es ist ihm peinlich. Dem Forscher wiederum ist es peinlich, daß es dem Vertreter peinlich ist. Der Gutgekleidete und Gutverdienende demütigt sich vor dem schlampigen Habenichts, eine Situation, die beide als unnatürlich empfinden und die den Forscher verunsichert. Das hält ihn davon ab, unhöflich zu werden, doch die Ungeduld schaut ihm aus allen Knopflöchern.

Vertreter und Forscher sind erleichtert, wenn das Gespräch beendet ist. Der Referent ist um eine Demütigung und hin und wieder einen Auftrag reicher, der Forscher froh, kein Pharmareferent zu sein, und ärgerlich über den Zeitverlust. Den Auftrag hätte er meistens sowieso vergeben.

---
*   Fußnotentext

32

Für den Forscher ist der Pharmareferent so wertvoll wie Stechfliegen für die Kuh. Welchen Nutzen die Firmen vom Pharmareferenten haben, bleibt deren Geheimnis. Ihr Ansehen fördert er nicht, und ich zweifle, ob seine Aufträge bei Laborbesuchen das verfahrene Benzin ersetzen.

Bei Pharmaka bevorzugt der Forscher im allgemeinen die Firma, die am schnellsten die beste Qualität liefert (in dieser Reihenfolge). Bei Geräten kauft er, was er kennt oder ihm von einem Kollegen empfohlen wurde. Der Preis spielt die dritte Geige (es ist ja nicht sein Geld, wohl aber seine Zeit) und der Pharmareferent gar keine. Vielleicht hat sich das inzwischen in den Chefetagen herumgesprochen, denn immer häufiger kommt statt des Herrn im grauen Anzug eine Dame im bunten Kostüm. Tatsächlich werden Frauen auch besser behandelt, und der Forscher hört ihnen länger zu. Doch auch der Pharmareferentin wird es ziemlich schnell klar, daß ihr Beruf sich nur durch die verschrobene Kundschaft und die kleineren Verkaufszahlen von dem des Staubsaugervertreters unterscheidet.

Der Doktorand

Wie dem Frühjahr der Sommer, so folgt der Diplomarbeit die Doktorarbeit. Ohne Doktorarbeit ist eine Karriere in der akademischen Forschung unmöglich und in der Industrie schwierig. Dem nur Diplomierten droht der Abstieg zum Pharmareferenten. Der Doktorand bearbeitet unter anfänglicher Anleitung eines Postdoks und später selbständig ein wissenschaftliches Problem. Die Doktorarbeit dauert 2 bis 5, meistens jedoch 3 Jahre.

Der Doktorand sollte während seiner Promotion mehrere wissenschaftliche Veröffentlichungen schreiben. Von ihrer Anzahl und den Zeitschriften, in denen sie veröffentlicht werden, hängt sein Ansehen ab. Eine Doktorarbeit ohne Veröffentlichung benötigt einen einflußreichen Doktorvater und schadet der Forschungskarriere.

Den Lebensunterhalt bestreiten die meisten Doktoranden mit einem Stipendium oder mit einem halben Gehalt nach Bundesangestelltentarif BAT IIa (siehe Tabelle). Das sind ungefähr 1200 bis 1500 DM brutto im Monat, wobei Stipendiaten (im Laborslang "Stipendioten") weder arbeitslosen- noch rentenversichert sind. Ob der Doktorand ein Stipendium bekommt oder nach BAT bezahlt wird, richtet sich weder nach der Leistung des Doktoranden noch nach seiner familiären Situation (z.B. Kinder). Sie hängt von der Stimmung des Laborleiters und den Stellen ab, über die er gerade verfügt und damit vom Stand seiner wissenschaftspolitischen Sterne. Mit anderen Worten, die Bezahlung des Doktoranden ist Glückssache.

Der Doktorand zahlt keine Steuern und darf seinen Studentenausweis behalten. Als Gegenleistung arbeitet er täglich und oft auch am Wochenende 10 bis 12

Stunden im Labor. Dazu muß er hin und wieder Studenten unterrichten, Aufsätze und Ergebnisse anderer Wissenschaftler über sein Gebiet studieren, Vorträge sowie Poster vorbereiten usw. Sein Privatleben verhält sich zur Arbeit wie der Zipfel zur Wurst. In der Gestaltung und Einteilung seiner Arbeitszeit ist er frei. Seine Bereitschaft, für einen Drittweltlohn mit vollem Einsatz und Begeisterung zu arbeiten, macht den Doktoranden zur wichtigsten Säule der Wissenschaft.

In diesem Zusammenhang fühlt sich der Autor zur Ehrenrettung der linken Doktoranden veranlaßt, die während der Studienzeit mit ihrer überlegenen Klugheit den deutschen Arbeiter über seine Ausbeutung durch die Bosse aufklärten. Da Doktoranden in der Forschung gründlicher ausgebeutet werden als jemals in diesem Jahrhundert die deutschen Arbeiter, hat es sich bei der Berufswahl des Studenten wohl um einen, vielleicht unbewußten, Akt der Solidarität mit den unterdrückten Massen gehandelt und keineswegs um den scheinheiligen Versuch, sich ein Plätzchen auf den höheren Sprossen der sozialen Leiter zu verschaffen.

Die Doktorandenzeit hinterläßt Schrammen in der Seele. Oft steht der Forscher wegen mangelnder experimenteller Erfahrung monate-, manchmal jahrelang Tag für Tag am Labortisch, ohne auch nur den Schimmer eines Erfolgs zu sehen. Er zweifelt an sich und seinen Fähigkeiten, und seine Stimmung wird so schwarz wie ein überexponiertes* Autoradiogramm*. Das Selbstbildnis eines kleinen Einsteins, das der Forscher tief versteckt in sich herumträgt, bekommt Sprünge.

Erfolglosigkeit ist nicht unbedingt die Schuld des Doktoranden, denn in naturwissenschaftlichen Forschungsvorhaben steckt ein großes Risiko. Je lohnender das Ziel des Vorhabens, um so unwahrscheinlicher ist der Erfolg, denn das Ziel ist Information, und Information ist Abweichung von der Erwartung. Forschungsvorhaben, die mit Sicherheit ein Ergebnis liefern, sind meist langweilig und geben kein Ansehen. Fleißig und intelligent zu sein genügt nicht, der Forscher muß auch Glück haben. Es ist wie beim Pferderennen: Ist die Wahrscheinlichkeit groß, daß das Pferd siegt, dann ist auch der Wettgewinn klein und umgekehrt. Der Doktorand ist der Jockey des Pferdes, der Laborleiter der Besitzer. Der Jockey kann nur ein Pferd reiten. Der Laborleiter besitzt viele Pferde, und von jedem Pferd, das gut ins Ziel kommt, streicht er Preisgeld und Wettsummen ein. Der Lohn des erfolgreichen Jockeys ist es, am nächsten Rennen teilnehmen zu dürfen. Hat er keinen Erfolg, dann ist es aus mit dem Reiten. Der Laborleiter setzt einen neuen Doktoranden auf das gescheiterte Vorhaben. Er hat, im Fachausdruck, einen Doktoranden *verbraten*.

Gründet der Doktorand eine Familie, so muß er damit rechnen, daß ihn schon das erste Kind unter die Armutsgrenze drückt. Vielleicht stört ihn das nicht. Ein ehrgeiziger Doktorand hat, schon wegen der Ladenschlußzeiten, keine Zeit, Geld

---

*   Erläuterungen Kapitel 8, Wörterbuch

auszugeben, und Ehrgeiz ist notwendig, um in der Wissenschaft voranzukommen. Doch seine Frau hat keinen Ehrgeiz, keine vermeintlich glänzenden Aussichten und trotzdem wenig Geld. Auf die Mithilfe ihres Gatten im Haushalt, beim Kinderhüten oder Einkaufen muß sie ebenfalls verzichten, denn nach 12 Stunden Arbeit werden die emanzipatorischen Ideale der meisten Doktoranden brüchig. Selbst wenn ihr das an sich gleich wäre, trägt sie doch schwer an ihrem geringen Ansehen bei den Freundinnnen, für die diese Dienstleistungen des Ehemannes den Rang sittlicher Handlungen oder einer moralischen Verbeugung einnehmen. Nach einem Umzug sitzt die Frau des Doktoranden mit ihrem kleinen Schreihals in einer schlechten Wohnung einer fremden Stadt, in der sie niemanden kennt. Eine Arbeit aufzunehmen ist ihr unmöglich, da sie keine Kinderfrau bezahlen kann. Die Langeweile wächst ihr über den Kopf. Spätabends kommt ein erschöpfter Mann heim, dem der Kopf noch schwirrt vom Labor, dessen Gedanken um Experimente kreisen, die seine Frau so leer und öde findet wie ihren Geldbeutel. Nährt sie neben dem Kind noch eigenen Ehrgeiz, z.B. ein Studium, kommt es zum Bruch.

Der Einwand, das Kinderkriegen sein zu lassen, geht an ein Paar, das durchschnittlich 28 bis 30 Jahre alt ist und in einem Land lebt, das außer Nachwuchs alles überreichlich besitzt. Zudem werden Kinder oft während der Diplomarbeit gezeugt. Zu diesem Zeitpunkt glauben naive Gemüter, die meisten Akademiker, das Studentenleben sei vorbei, und es gehe ans Verdienen. Auf das Leben, das dem Forscher wirklich bevorsteht, hat sie keiner vorbereitet.

Wie nach der Diplomarbeit, werden auch nach der Doktorarbeit die Methoden und Ergebnisse schriftlich niedergelegt und diskutiert, diesmal in einem DIN-A5-Heft von 70 bis 100 Seiten. Außerdem findet eine Prüfung statt. Die schriftliche Doktorarbeit muß der Universität in mehreren Kopien gebunden vorgelegt werden. Die Kosten trägt der Doktorand. Die Prozedur ist notwendig, weil Universitätsbürokraten mit den Doktor- und Diplomarbeiten langwierige biologische Untersuchungen machen. Thema: Der Einfluß von Papierschimmelkulturen auf den Magen-Darm-Trakt der Reißwölfe.

Wer strebt nach Titeln eitlem Tand, der ist oft ein Doktorand.
Ihm sei schmal und trocken Brot, ein Wagen alt und aus dem Lot,
und magre Wurst in dünnen Scheiben. Das reicht um Forschung zu betreiben.

Die Schnecken ihre Strasse ziehn, die Arbeit zieht sich ewig hin.
Plasmide*, Puffer* und Pipetten*, nichts kann den Doktoranden retten,
das Projekt will nicht geraten, der Doktorand wird drauf verbraten.

Die Vielfalt der Monatseinkommen

nix

1/4 A13, d.h. 690 DM
brutto wie netto

Stipendien: 1200 DM brutto,
keine Steuern, aber abzüglich
64-125 DM Krankenversicherung.

Das schmale Brot des deutschen Doktoranden

Doktoranden mit Max-Planck-Verträgen: 1/2A 13, d.h. 1859,44 DM brutto bzw. 1347 DM netto. Sie sind sozialversichert, beziehen aber weder Urlaubsgeld noch Gefahren- oder Familienzuschlag.

Drittmittelvertrag nach 1/2BAT IIa, d.h. ein 27 jähriger unverheirateter Doktorand verdient 2127,88 DM brutto, 1550 DM netto, in günstigen Fällen kommt Familienzuschlag, Weihnachtsgeld und Urlaubsgeld dazu.

Die Bereicherung mancher Doktoranden auf Kosten des Steuerzahlers soll abgestellt werden. Die öffentliche Hand (Bund-Länder-Konferenz, DFG, BMFT*) will die Doktorandenförderung bundeseinheitlich auf 1200 DM brutto wie netto senken. In Zukunft also Einheitswurst Mikrotom* -fein aufgeschnitten.

Der Postdok

Wer die Doktorprüfung bestanden und von der Forschung die Nase noch nicht voll hat, wird Postdok. Getrieben von Eitelkeit, Neugier, Ehrgeiz und Spielerleidenschaft vereinigt sich in ihm der Roulettspieler mit dem Stachanovaktivisten*.

Wie vom Doktoranden, so wird auch vom Postdok ein 10-Stunden- Labortag mit zusätzlichem Literaturstudium erwartet. Dazu kommt die Lehre, das Unterrichten von Studenten. Da Lehre weder dem Doktoranden noch dem Postdok für seine akademische Karriere angerechnet wird, aber Zeit stiehlt, ist sie lästig. Lehre wird mit der linken Hand und geringstmöglicher Vorbereitung gemacht.

Der Verdienst des Postdoks erreicht in günstigen Fällen den des gleichaltrigen Durchschnittsverdieners. Er erhält in Deutschland anfangs BAT* III, später BAT* II a , im Ausland, die Schweiz ausgenommen, weniger. Zum ersten Mal, er ist schon um die 30, kann sich der Forscher einen Gebrauchtwagen leisten, der nicht aus der Schrottklasse oder vom Papi stammt.

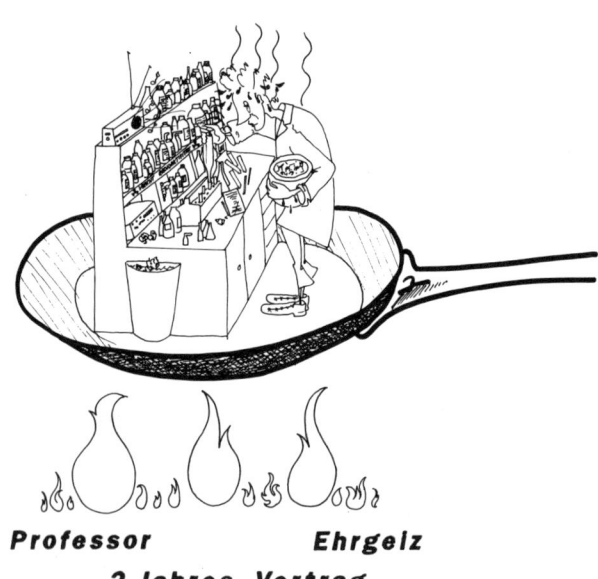

Professor   Ehrgeiz
2-Jahres Vertrag

---

*   Erläuterungen Kapitel 8, Wörterbuch

Postdoks werden nicht fest angestellt. Ihre Bezahlung ist vertraglich auf 2 Jahre oder weniger gesichert. Tarzan gleich hangeln sie sich von einem Vertrag zum anderen. Um kein Anrecht auf Dauerbeschäftigung aufkommen zu lassen, beschäftigen die deutschen Universitäten ihre Postdoks höchstens 5 Jahre. So wechselt der Postdok alle 2 bis 3 Jahre das Labor, die Stadt, das Land und oft auch den Kontinent, um neue Techniken zu lernen und neue Erfahrungen zu sammeln. Wie ein heimatloses Arbeitsbienchen, das Techniken in einem Labor aufnimmt und in anderen weitergibt, zieht er von Land zu Land. Alle 2 bis 3 Jahre muß er einen Umzug finanzieren, eine neue Wohnung finden, die alte Wohnung renovieren, neue Freunde und eine andere Freundin suchen, sich in ein neues Thema einarbeiten und, oft genug, ein neues Labor aufbauen. Ein Zigeunerleben, dem die Lustigkeit mit der Zeit abhanden kommt.

Ironischerweise ist gerade die Tatsache, daß der Postdok die unangenehmen sozialen Auswirkungen des Forschens auf sich nehmen muß, die Ursache dafür, daß er auch um das wissenschaftliche Ansehen aus seiner Arbeit kommt. Das Ansehen auf einem Gebiet erntet derjenige, der dauernd damit verbunden bleibt. Das aber ist der Laborleiter und nicht der Postdok, der nach getaner Arbeit gezwungen ist, ein anderes Thema aufzunehmen. Den Honig der Biene erntet der Imker.

Im Gegensatz zum Professor steht der Postdok unter Erfolgsdruck. Für ihn und nur für ihn gilt das *publish or perish*, auf Deutsch, *veröffentlichen oder verrecken*. Er muß Entdeckungen machen und sie möglichst als erster veröffentlichen, denn ohne Ergebnisse oder Beziehungen wird es schwierig, einen Anschlußvertrag zu bekommen. Zudem hegt er in den ersten Jahren noch die Hoffnung, durch gute wissenschaftliche Ergebnisse seinem Ziel, der Leitung eines eigenen Labors, näherzukommen. Diese Hoffnung ist die Möhre, die unerreichbar an der Angel vor des Esels Maul hängt und ihn zum Ziehen treibt. Arbeit, vom Aufstehen bis zum Einschlafen, hilft auch gegen die in fremden Ländern anfangs unvermeidliche Einsamkeit.

Die magische Schranke zwischen Unten und Oben überspringen nur Wenige und nicht immer die (wissenschaftlich) Besten. Die meisten verlieren das Spiel um den Lehrstuhl und wandern nach mehreren Jahren (6 bis 8 Jahre postdokken sind keine Seltenheit) auslaugender, schlecht bezahlter Arbeit in Industrie oder Handel ab.

Der Absprung von der akademischen Karriere muß rechtzeitig erfolgen. An Postdoks, die älter als 35 bis 36 Jahre sind, haben die Firmen kein Interesse. Klappt der Absprung in die Industrie nicht, hat der Postdok gute Chancen, zum Taxifahrer oder Kellner befördert zu werden. Postdok bis zur Pensionierung zu bleiben, den Arbeitsstil, der in der akademischen Forschung gepflegt wird, bis 65 durchzuhalten, das schafft keiner. Körperliche Verfassung und Phantasie nehmen mit dem Alter ab. Begeisterungsfähigkeit und Leistungswillen verflüchtigen sich angesichts der klaren Erkenntnis der trüben Aussicht, bis ans Lebensende in der Welt herumziehen zu müssen, um als Igor täglich 10 bis 12 Stunden irgendeinem Frankenstein zu dienen.

Ab 40 lebt der Postdok mit dem Rücken zur Wand, und die Luft wird dünn. Die Stellenangebote werden selten. Der Geruch des Versagers umweht ihn, er stinkt nach Enttäuschung.

Die einzige Möglichkeit des nichtselbständigen Wissenschaftlers, eine Dauerstellung zu bekommen, ist Assistent eines Max-Planck-Direktors zu werden. Diese Stellen sind selten, und der Max-Planck-Assistent hängt wie ein Höriger von seinem Direktor ab. Wird der Direktor pensioniert oder stirbt er, dann werden seine alten Assistenten, die nicht weggehen können oder wollen, an den neuen Direktor vererbt. Für den sind die unkündbaren Trabanten des Vorgängers schwarze Schafe, die er nicht will und nicht braucht, eine Erblast, die er sich bemüht wegzuekeln oder in Dienstfunktionen abzudrängen. Bei Besitzerwechsel auf Bauernhöfen geht es ähnlich zu. Wenn der alte Bauer Rinder hielt, sein Nachfolger aber Schweine züchten will, dann werden die guten Milchkühe verkauft, die unnützen alten Ochsen aber geschlachtet. Für den Assistenten des alten Chefs ist es aus mit dem Forschen, er verbringt seine Tage mit Routineaufgaben wie dem Sequenzieren* von Proteinen* oder dem Synthetisieren von Peptiden* oder Oligonucleotiden*. Ihm obliegt der Strahlenschutz, er ist zuständig für Funktion und Reparatur von Countern*, Zentrifugen*, HPLC-Anlagen*. Er wird zum Handlanger der Diener des neuen Herrn, eine Art Laborhausmeister - oder Mädchen für alles.

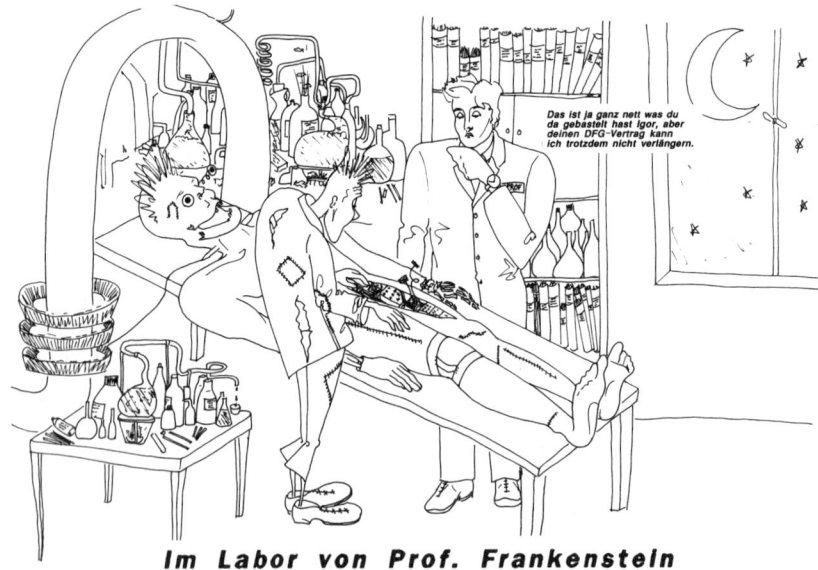

Im Labor von Prof. Frankenstein

---

* Erläuterungen Kapitel 8, Wörterbuch

3.3   Die Gewinner

Vom Zauber des Übergangs

So trocken und verstandesbetont die Akademiker dem Außenstehenden erscheinen mögen, durch ihre Elfenbeintürme säuselt ein Hauch der deutschen Märchenwelt. Zahllos wie die Freier um König Drosselbarts Tochter sind die Bewerber um die festen Stellen. Sie zu bekommen genügt es nicht, den Stein der Weisen gefunden oder die drei goldenen Haare des Teufels geholt zu haben. Viel hilfreicher sind die kleinen, grauen Männchen, die, durch geheime Machenschaften, die Dornenhecke um das Schloß der schönen Prinzessin in ein Blumenbeet verwandeln. So kann auch ein Forscher, der jahrelang keine Ergebnisse zustande brachte, ein armes Schneiderlein sozusagen, mit ein paar Eintagsfliegen einen Lehrstuhl, ein halbes Königreich bekommen. Nicht immer kriegt der dumme Hans den Posten, immer aber verbirgt sich hinter wallenden Nebeln, warum die Weisen gerade diesen und nicht jenen Prinz gekürt haben.

Der Ruf an eine deutsche Universität wirkt auf den Forscher wie der Apfel auf Schneewittchen. Er verfällt in eine eigentümliche geistige Starre, und es wachsen ihm zwei linke Hände. Eine böse Fee verwandelt selbst den begabten Wissenschaftler in einen Bürokraten und fesselt ihn mit unsichtbaren Banden an Schreibtisch und Telefon. Dieser Fluch des Rufs liegt dem unzufriedenen Wesen vieler Professoren zugrunde wie die Kröte dem vergifteten Brunnen. Die bürokratische Arbeit füllt sie nicht aus, sie langweilen sich, und die Ausbeutung ihrer Mitarbeiter läßt in der weichen Erde ihres Gemüts Schuldgefühle wachsen.

So wundert es den Wissenden nicht, von Instituten zu hören, die, Zauberschlössern gleich, voll von verwünschten Professoren sind. An den Ecken hängen Spinnweben, und alles schläft, sogar die Taufliegen. Hin und wieder schickt der König tapfere Männer aus, um den Bann zu brechen. Aber nach einer kurzen Weile verfallen auch diese dem Zauber, sinken in Schlaf und warten auf Erlösung.

Die Professorenpersönlichkeit: (Der Magnat, Der Papi, Das Glückskind, Die Chefin.)

Schwer ist es oft zu begreifen, wie einer Professor wurde, doch schwerer noch ist es zu beschreiben, wie ein Professor ist. Sein Wesen gleicht dem Fisch, dem nassen, schillernd ist's und nicht zu fassen. Deshalb schildern die folgenden Abschnitte Der Magnat, Der Papi, Das Gückskind und Die Chefin keinen einzelnen Professor, sondern einen Professorentyp. So wie die Physik nicht den Zustand eines einzelnen Teilchens, wohl aber das Verhalten einer größeren Teilchenmenge beschreiben kann.

Der Autor mag Professoren, auch wenn das dem Leser unwahrscheinlich erscheinen sollte. Dieses Buch unterschlägt daher Das Dornröschen, das in einem Winkel

Der akademische Stoffwechsel (Vereinfacht)

Bei den beschiebenen Vorgängen handelt es sich, soweit sie im akademischen Bereich stattfinden, um irreversible Prozesse.

Student

Praktika und Vorlesungen

Scheine, Prüfungen

Diplomand

Subunternehmer
Taxifahrer

ein kleines Problem

𝔇𝔯𝔞𝔲𝔰𝔰𝔢𝔫

Diplom   FAD

Doktorand

Erfahrungen

ein großes Problem

Doktortitel

Krebszyklus

Postdok

viele große Probleme

Gründung einer Gentechnikfirma

USA-shunt

Papers

Beziehungsnebenweg

Industrie

C4-gesteuerter Kanal mit geringer Öffnungswahrscheinlichkeit

Enttäuschung   FAD^2

Magengeschwüre

Ersparnisse

(Vorraussetzung: hochaffine Bindungstelle für Vitamin B)

fehlender Promoter

Reduktase   Arbeitsloser

Selektivitätsfilter, Mechanismus unbekannt

freie Radikale

C4-Transporter

Arbeitsgruppenleiter C2

Begeisterte Doktoranden

𝔇𝔯𝔦𝔫𝔫𝔢𝔫

Enttäuschte Doktoranden

Professor C3   Desaktivase

Organe

Postdoks

Vorträge, Komittees, Sitzungen

Emeritus
(Entgiftung)

Pensiom

Industrieangestellte Arbeitslose

Berufungen

Professor C4

Kalkablagerung

Ausscheidung

Berufungskarussell

schadenfreudige Kollegen

Langeweile   Lehrbücher
Kongresse, Komittees

Kollegen

neidische Kollegen

Feinde

Professor C4*
(* angeregter Zustand)   Institutsdirektor

undurchlässige Kernmembran

42

der Universität im Dauerschlaf liegt, und Den Gerechten, der ebenfalls herzlich wenig forscht, sich dafür aber mit der ganzen moralischen Wucht, die das Innehaben eines sicheren, gutbezahlten Pöstchens gibt, für die Arbeiterklasse und andere exotische Völker einsetzt.

Trotzdem kann es sein, daß die Gemälde auf den Laien düster wirken. Das liegt an der düsteren Stimmung im akademischen Mittelbau. Viele Einzelheiten stammen nämlich nicht aus eigener Erfahrung, sondern aus Berichten anderer Postdoks. Dieser bunten Sammlung von Bastlern, Idealisten, verträumten Spinnern, versponnenen Träumern und geltungsbedürftigen Strebern ist gemeinsam, daß sie von der Wissenschaft, ihrem Professor und möglicherweise auch von sich selbst bodenlos enttäuscht sind. Über den Professor schimpft jeder Postdok, mit Lust und Liebe hört er sich das Geschimpfe anderer Postdoks an. Dennoch sind sie mit Blindheit geschlagen. Jeder glaubt, seinen Professor zu kennen, und traut ihm alles Böse zu; doch kurz vor dem Stellenwechsel und noch öfters danach, stellt er fest, daß er das nicht von ihm gedacht hätte. Das hindert den Postdok aber nicht daran, sich vom nächsten Chef, der ebenfalls kein Heiliger ist, genauso ausnutzen zu lassen. Das kann der ungestraft tun, denn eine wirksame politische Vertretung besitzt der akademische Mittelbau nicht, und leichter wäre es, eine Herde Katzen im Stechschritt paradieren zu lassen, als das Völkchen der Postdoks zu organisieren. Der Autor aber erkennt an, daß seine Professoren nicht nur von seiner Arbeit profitieren, sondern sich auch für sein berufliches Fortkommen einsetzen. Das haben sie ihm selbst gesagt.

Ein ehrgeiziger Professor, wie Die Chefin, der sich im internationalen Wettbewerb durchsetzen will, muß seine Forscher gnadenlos antreiben. Ehrgeiz, Begeisterung, Unwissenheit und Vertrauensseligkeit der Forscher machen das leicht, und ihre schlechte rechtliche Stellung und der soziale Bau der deutschen Wissenschaft sorgen beinahe automatisch dafür, daß ihre Mühe unbelohnt bleibt. Der Professor erkennt die Leistung des Forschers an, doch die Außenwelt erkennt den Professor an, und der läßt es dabei bewenden. Persönliche Schikanen kommen allerdings in der akademischen Forschung eher seltener vor als in anderen Berufszweigen, und ein Forscher wird das Wohlwollen seines Professors haben, solange er fleißig für ihn arbeitet. Schließlich ist die Leistung der Untergebenen das Brot, von dem der Ehrgeiz des Professors lebt. Selten sitzen ausgemachte Bösewichter und Intriganten auf den Lehrstühlen, doch ein Hindernis für eine Berufung sind diese Eigenschaften nicht, und nirgends können sie sich so ungehemmt entfalten, wie auf einem deutschen Lehrstuhl.

Der Magnat*

Magnaten sind die Wissenschaftler mit dem großen Einfluß auf die Forschungspolitik. Ihre Größe ist oft mit Tragik verbunden. Durch wissenschaftliche oder politische

---

* Erläuterungen Kapitel 8, Wörterbuch

Tüchtigkeit ist es ihnen gelungen, in die Gruppe der Institutsleiter und Max-Planck-Direktoren aufzusteigen. Aber da oben haben sie nichts Richtiges mehr zu tun. Für die Verwaltung sind die Sekretärinnen da, für die Forschung die Assistenten. Der Institutsleiter repräsentiert und langweilt sich. Um den Tag totzuschlagen, beschäftigen sich manche mit Malerei, Skifahren oder mit dem Verfassen philosophischer Traktätchen. Männer mit Mark in den Knochen aber sehen ihre Bestimmung darin, zu befinden, wer im deutschen Reiche was forschen darf. Sie werden zu Magnaten, zu den Kolben im Motor des Berufungskarussells. Pipetten* und pH-Meter* sind ihnen so fremd wie dem Bauernverbandsfunktionär Sense und Dreschflegel und mit Proteinen* und DNA* kommen sie beruflich nur noch auf Arbeitsessen in Berührung. Ihre Werkzeuge sind Berufungslisten, Anträge und Kostenvoranschläge. Statt Laborbüchern studieren sie die Kursbücher der europäischen Eisenbahnen und die Flugtermine der Lufthansa. Das Leben des Magnaten ist eine Dauerreise, endlos zieht er seine Kreise von einer Unistadt in die andere, von einem Kongreß zum nächsten. Die Termine in seinem Kalender sind so zahllos wie die Schuppen auf den Hemdkragen seiner Doktoranden.

Der Magnat sitzt in den meisten, immer aber in den entscheidenden Komitees von Universitäten, DFG und Max-Planck-Gesellschaft. Er hat wichtige Gutachterpositionen inne, er ist auf jedem bedeutenden Kongreß als Redner vertreten, er ist Mitglied der Editorial boards angesehener Zeitschriften. Sein Einfluß beruht nicht auf wissenschaftlichem Genius, experimentellem Geschick oder Rednerbegabung, sondern auf Sitzfleisch, Ausdauer und einem bestimmten Auftreten. Der Magnat ist gefürchtet von seinen Kollegen. Er kann Anträge zu Fall bringen, Berufungen verhindern, Kongresse scheitern lassen. Das und die Beweglichkeit des verlängerten Großhirns des deutschen Durchschnittswissenschaftlers bewirken, daß sich der Magnat vor Einladungen und Ehrenbezeichnungen nicht mehr retten kann. Wie der Bandwurm seine Glieder, so reiht der Magnat ein Pöstchen ans andere. Sein Einfluß steigt und steigt, bis der Teufelskreis mit der Zwangspensionierung unterbrochen wird.

Obwohl der Magnat nur noch in Gremien und Komitees die Abgründe menschlicher Psychologie erforscht, umgibt ihn eine Aura wissenschaftlichen Erfolgs. Dafür sorgt eine Unzahl von Mitarbeitern, die, ausgestattet mit üppigen Forschungsgeldern, fleißig am Rufe des Herrn basteln. Wie von einer Linse werden Arbeit und Ideen von mehr als einem Dutzend Doktoranden und Postdoks auf den Magnaten fokussiert. Es ist die Vereinigung der Strahlung vieler mittelmäßiger Leuchten, die seine Aura zustande bringt.

Die Mitarbeiter umkreisen den Magnaten wie die Planeten das Zentralgestirn: im Dunkeln. Die älteren Assistenten erscheinen auf Papers ihrer Doktoranden unter

---

* Erläuterungen Kapitel 8, Wörterbuch

Labororganisation, Modell I: die zentrale Diktatur

Wo viel Freiheit ist, ist viel Irrtum,
doch sicher ist der schmale Weg der Pflicht
Schiller, Wallenstein II

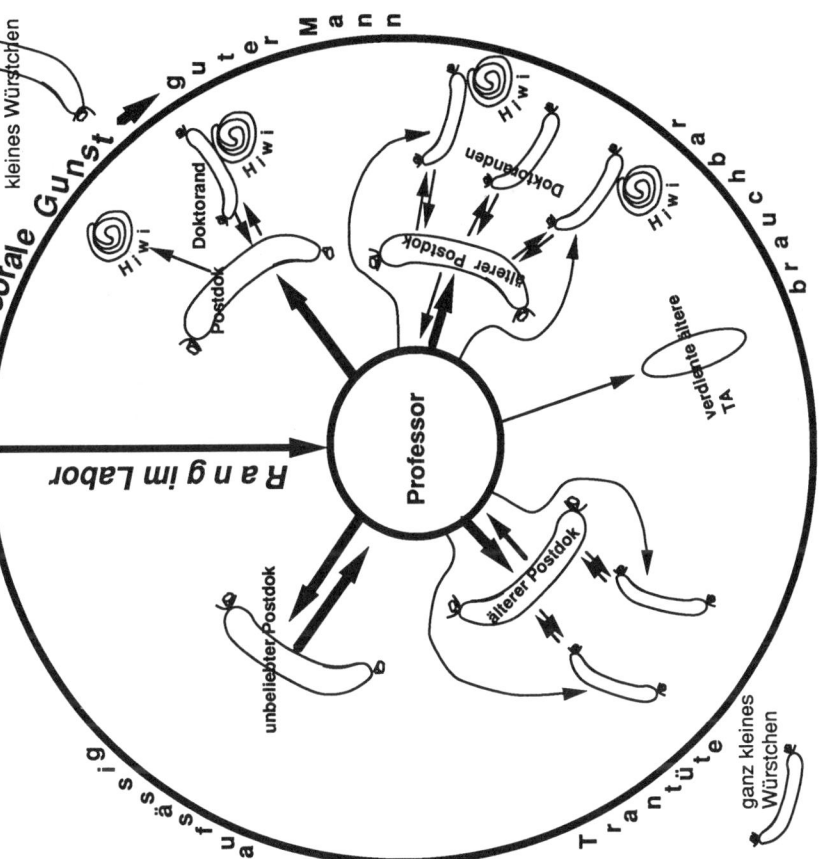

Erläuterung:

Die zentrale Stellung im Labor hat der Professor, der sich für den väterlichen Freund seiner unmündigen Untergebenen hält und mit Seminaren und Besprechungen jede ihrer Regungen kontrolliert. Damit hängt die Effizienz des Labors von den Fähigkeiten seines Professors ab, der eine wissenschaftliche und organisatorische Doppelbegabung sein muß. Die sind selten, und Labors mit zentraler Diktatur arbeiten eher nach folgendem Zuschnitt:

Der Professor ist unfähig, ein eigenes Forschungsprogramm auszudenken. Gebannt starrt er auf die Projekte erfolgreicherer Kollegen, und sein Ziel ist es, denen ihr Spielzeug wegzunehmen. Die gewöhnlichen Forscher sind von der Projektplanung ausgeschlossen, denn der Professor fürchtet um seine Autorität. Er allein trifft die Entscheidungen, doch impulsiv nach nur oberflächlichen Überlegungen.

Wie Gasblasen aus einem faulenden Tümpel tauchen beim Professor regelmäßig Züge von kindischem Eigensinn, Unstetigkeit und Unreife auf. Diese Stimmungsschwankungen bewirken im Verein mit der zentralen Planung, häufige, abrupte Wechsel der Forschungsprogramme, die sich ähnlich verheerend auswirken wie die dauernden Einmischungen des Professors in experimentelle Einzelheiten und in die Absprachen zwischen Postdoks und Doktoranden.

Da die Initiative des gewöhnlichen Forschers ständig abgewürgt wird und der unstetige, zentrale Führungsstil keine Ergebnisse bringt, verflüchtigt sich sein Ehrgeiz. Er sinkt, nach anfänglichem Aufbegehren, zu einem Lakaien ab, der den Wünschen des Herrn mit geringst möglichem Aufwand nachkommt, nur noch 5-6 h täglich arbeitet und die restliche Zeit mit Computerspielen, Kaffeetrinken und häufigem Feiern totschlägt.

Nur wenige, langweilige Forschungsergebnisse verlassen das Labor, Brosamen von den Tischen anderer.

Ferner liefen. Seniorautor ist automatisch der Magnat, selbst dann, wenn er von der Existenz der Publikation gar nichts weiß. Der Assistent ist nur Pächter auf dem Gute des Herrn. Der aber duldet kein Lichtlein in seiner Nähe, denn er ist nicht nur eine Autorität, er ist auch autoritär.

Magnaten gedeihen auf dem gut gedüngten Boden der Max-Planck-Gesellschaften und ihrem französischen Gegenstück, dem CNRS* *(La science c'est moi!)*. Da gibt es Dauerstellen für Assistenten, und ein Mann mit Dauerstelle kann es sich leisten, seine Arbeit der Verherrlichung eines Magnaten zu widmen und selbst publizistisch im Abseits zu stehen. Der Assistent hofft nach aufopferndem Dienst, durch den Einfluß des Magnaten ein eigenes Labor zu erhalten. Doch der Magnat kann an der Freisprechung guter Assistenten nicht interessiert sein. Der Magnat würde nicht nur auf zukünftige publizitätsträchtige Ergebnisse verzichten, schlimmer, er würde sich eine Konkurrenz aufbauen. Der ehemalige Assistent arbeitet ja auf *seinem* Gebiet weiter. Auch verleitet ein erfolgreicher Ehemaliger zu dem Schluß, daß der Magnat an den unter seiner Herr- und Seniorautorschaft entstandenen Arbeiten kaum beteiligt war.

Erst wenn sich die Herrschaft des Magnaten dem Ende zuneigt, wird er sich um die Versorgung seiner treuen Untertanen kümmern; teils aus Sentimentalität, teils, um sich gewissermaßen biologisch fortzupflanzen. Aber sein Einfluß ist dann schon am Schwinden. Die Kollegen, die wissen, daß der Magnat ihnen höchstens noch 2 bis 3 Jahre ins Handwerk pfuschen kann, werden aufmüpfig. Seine Feinde trauen sich aus der Deckung. Die Zeit ist gekommen, um alte Rechnungen zu begleichen. Assistent eines Magnaten zu sein wird jetzt zum Nachteil, denn dem Assistenten hängt der Geruch des Protegismus an. Er wird zum Sack, den man schlägt, wenn der alte Esel gemeint ist.

Der Papi (für E.)

Papi ist ein begabter Redner aus guter Familie. Er schreibt Lehrbücher und gilt als erfolgreicher Wissenschaftler, denn es ist ihm gelungen, ein Forschungsgebiet mit seinem Namen zu verbinden.

Papi hat, wie viele Professoren, eine Schwäche für moderne Kunst. Der Hang der Professoren zur modernen Kunst hängt zusammen mit ihrem Verständnis des naturwissenschaftlichen Experiments. Bei moderner Kunst ist die Idee wichtig, die Ausführung dagegen simpel: einfache Stäbe, Kreise, Vierecke, Kleckse, die ein Schulkind ausführen könnte. So sieht der Professor auch die Wissenschaft: Was zählt, ist sein genialer Einfall, z.B. ein isoliertes Protein zu klonieren* oder die Bindungsstelle eines Toxins* aufzureinigen. Die Ausführung, das langweilige Filter ziehen*, Herumspielen mit Hybridisierungsbedingungen* oder Bindungstests* ist schlichtes Handwerk, das den Angestellten des akademischen Künstlers obliegt.

---

*   Erläuterungen Kapitel 8, Wörterbuch

Papis wissenschaftliche Karriere begann mit einer Reihe guter Papers, die er selbst gemacht hat, d.h. deren Erstautor er ist. Das aber ist lange her, die wichtigen Entdeckungen auf dem Gebiet kommen schon seit Jahren aus anderen Labors. Ehemalige Mitarbeiter Papis behaupten, selbst die wenigen Papers der letzten Jahre habe er seinem Geschick zu verdanken, die Produkte eines befreundeten Labors an ein anderes weiterzugeben und sich in den entstehenden Papers als Seniorautor aufzudrängen. Er sei ein Abstauber, der sich durch fleißiges Reviewschreiben und Redenhalten über Wasser hält. Das aber scheint üble Nachrede enttäuschter Postdoks zu sein, schließlich wurde Papi kürzlich zum Institutsdirektor ernannt.

Papis Forschungsstrategie beruht auf der Erkenntnis, daß viel Konkurrenz auch viel Interesse verbürgt, viel Interesse andererseits die Grundlage von Publizität und Ansehen ist. Originell ist für ihn das Fremdwort für abwegig; er mißt die Aussichten eines Forschungsvorhabens an der Anzahl der Gruppen, die daran arbeiten. Schonungslos hetzt Papi seine Untergebenen den Hintern der Konkurrenten nach, Hintern die so dick sind, daß sie jeden Ausblick auf Erfolg versperren. Auf veränderte Situationen reagiert er mit der Wendigkeit eines Kartoffelsacks, auf Einfälle seiner Postdoks mit der Angst des Diktators, die Kontrolle zu verlieren. Für Bewegung im Labor sorgen lediglich die Mondphasen, die Papi hin und wieder den Hintern wechseln lassen, hinter dem er seine Dienstboten herjagt. Diese Änderungen der Forschungsrichtung kommen so abrupt wie ein Plattfuß am Fahrrad und haben die gleiche Wirkung: Es entstehen wissenschaftliche Fußgänger.

Halbgare Gedanken setzen sich in ihm mit der Zähigkeit eines Hirntumors fest. Besonders bösartig und virulent werden solche aus dem Mund eines erfolgreicheren Kollegen. Dessen flüchtige Bemerkungen erreichen für Papi den Rang einer heiligen Offenbarung, an der die Gegenvorstellungen seines Untergebenen abtropfen wie Wasser von einem frisch gewachsten Auto. Mit der Ungeduld eines 6jährigen zwingt Papi den unwilligen Dienstboten, alles stehen und liegen zu lassen, um wochenlang Nadeln in die Seifenblasen zu stechen, die immer aufs Neue aus Papis Wunschdenken entstehen.

In Papis Augen ist das Labor eine kraftvolle Dampfmaschine, an deren Hebeln der Professor die Richtung auf die Winkelsekunde genau bestimmt und selbst die kleinste Schraube kontrolliert. Auf elegante Art erzeugt er den notwendigen Druck. Mit der Kaffeetasse in der Hand schlendert Papi fast stündlich durchs Labor und beobachtet, wer an der Bench steht oder nur sitzt und schreibt. Diese Gewohnheit führt zu einem wellenförmigen Arbeitsrhythmus seiner Untergebenen - mit Spitzen während des Laborrundgangs und tiefen Tälern, ja Schluchten, in den Zwischenzeiten. Doch Papis Herzenswunsch, nach dem sonntäglichen Nachmittagsspaziergang einem zu Besuch weilenden Professor ein belebtes Labor vorführen zu können, bleibt unerfüllt. Daran ändern auch unregelmäßige Kontrollen nichts. Die Untergebenen verirren sich am Wochenende selten ins Labor, und selbst an Werktagen herrscht ab 18 Uhr gähnende Leere.

Drei Alpträume quälen Papis Seele: Der erste ist, daß seine Kinder zuwenig arbeiten, der zweite, daß sie nicht wissen, was sie tun, der dritte und furchtbarste aber, daß sie etwas tun, was er nicht weiß. Papis Labor ist deswegen straff organisiert. Oben findet die Erleuchtung statt, die in täglichen Gnadenakten nach unten abgegeben und dort in von ihm streng kontrollierte Experimente umgesetzt wird. Seinen Postdoks versucht Papi Scheuklappen anzunageln. Ihre Initiativen fängt er mit der Anweisung auf, einen seitenlangen, bis in die kleinsten Einzelheiten gehenden Projektentwurf zu schreiben, während er seine eigenen Vorschläge bestimmt und demokratisch durchsetzt: mit endlosen Gesprächen, die stattfinden, wenn der Postdok nach Hause will. Papis Kontrolle ist umfassend und durchdringend wie die Atmosphäre in einer öffentlichen Bedürfnisanstalt. Süßlich-scharf durchweht sie die Diskussionen, verwandelt die Seminare in Volksschulklassen und lähmt die Gedankengänge der Untergebenen, die nach längerer Einwirkung das Verhalten duckmäuserischer Schüler annehmen.

Mit der Zeit entwickeln sich Papis Untergebene in die geistigen Krüppel, für die er sie schon immer gehalten hat. Fürsorglich wirft er ihnen Krücken zu, die in der Regel zwischen den Beinen landen und die Ärmsten zum Strauchen bringen. So sucht er ihnen die Papers für das wöchentliche Literaturseminar aus und hilft bei der Einteilung und Aufstellung der Rede. Ihrem schneckenlahmen Geist gibt er die Peitsche klarer Zeitvorgaben, die er in der Abgeschlossenheit seines Büros aus dem Kaffeesatz liest.

Der träumerische Blick eines Doktoranden durchs Laborfenster weckt in Papi den gestrengen Herrn Lehrer. Stundenlang fragt er nach Einzelheiten, läßt sich Gele* und Counts* zeigen und kein Härchen ungespalten. Lustig, wie der eine unnötige Einwände vorbringt, die der andere mit unnötigen Gründen bekämpft, wie sich die zwei im Gestrüpp experimenteller Details verrennen, die dem einen in unschuldiger Bemühtheit immer wieder aufs neue aus dem Laborbuch wachsen. Mit der Zeit werden der Doktorand immer hilfloser, Papi immer spitzfindiger und beide immer verwirrter. Am Ende seiner Selbstbeherrschung, kurz vor dem Schreipunkt, rettet sich Papi in die Haltung des überlegenen Genies. Mit gespielter Überzeugung und gereiztem Ton wischt er Einwände, Tatsachen und Bedenken beiseite und gibt dem Doktoranden ein Experiment als Hausaufgabe auf. Das Pickelcreme-Experiment, sein Sinn ist die Gesichtswahrung, wirkt auf den Durchblick des Doktoranden wie Vaseline auf dem Brillenglas. Die Natur hat nämlich Papis Geschick im Diskutieren durch einen Mangel an strategischem Denken ausgeglichen, und die Jahre hinter dem Schreibtisch ließen seine praktische Erfahrung ebenso verkümmern wie den Sinn für das zur Situation passende Experiment. So verbringt der

---

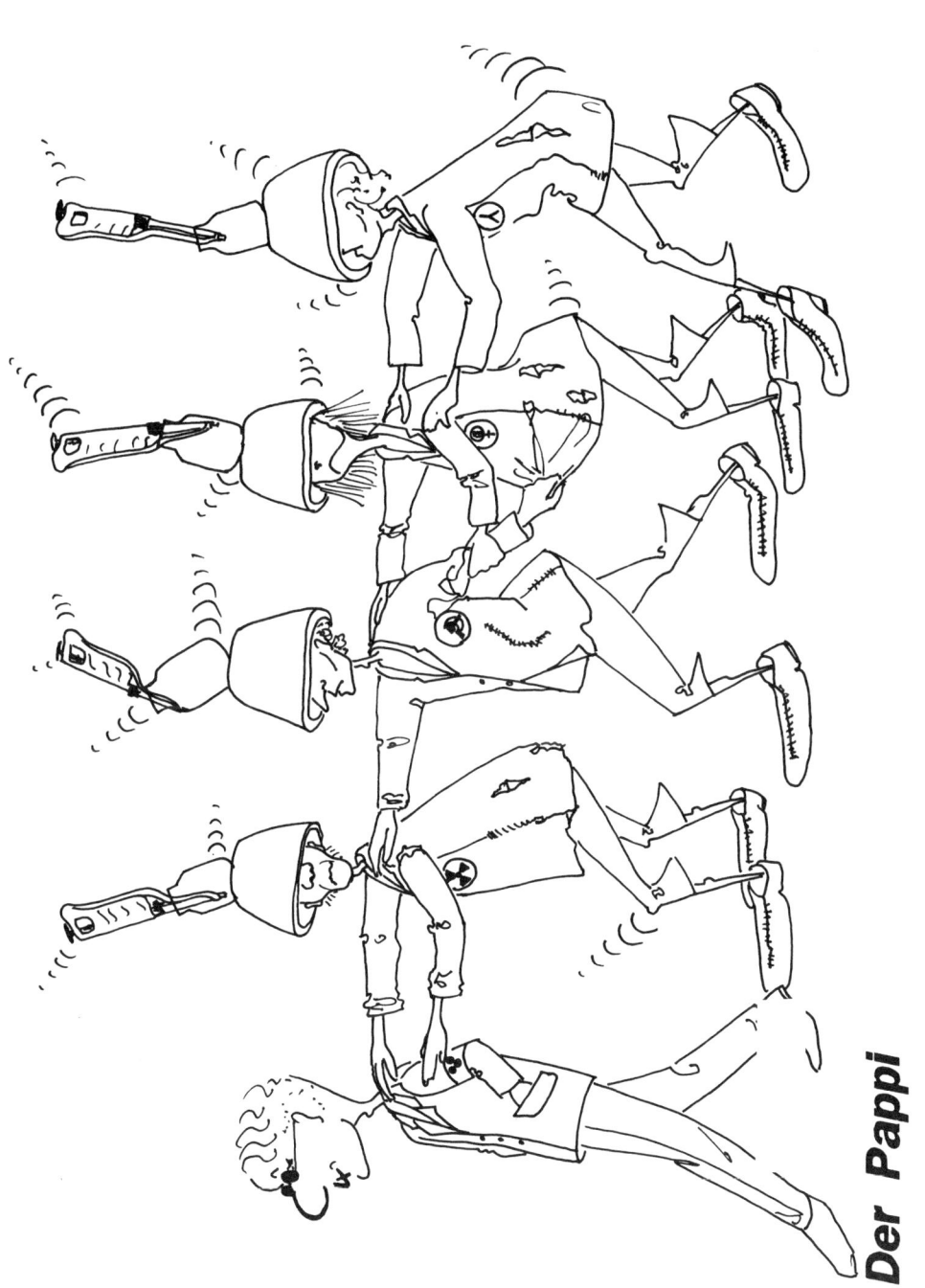

Der Pappi

Doktorand zähneknirschend die nächsten Tage mit experimentellen Freiübungen, denn Papi ist nicht mit der Gabe schnellen Vergessens gesegnet, und Widerspruch löst einen Wutanfall aus. Seine Autorität ist ein Wellpappkarton; sie beruht auf Papier, ist innen hohl und wird durch Röhren gefestigt.

Papi beurteilt einen Untergebenen nicht nach seinen Ergebnissen, sondern wie dieser die Ergebnisse nach außen darstellen, im Fachausdruck *verkaufen*, kann. Papi selbst ist Meister im *Verkaufen*. Zwar schießt er hin und wieder übers Ziel hinaus und verkauft Sachen, die er gar nicht besitzt, doch seine Vorträge sind Verpackungskunstwerke. Wissenschaftlichem Abfall weiß er eine Bedeutung zu geben, die ihm eine Karriere bei der städtischen Müllverwertung sichern würde.

Papi ist bei seinen Untergebenen nicht beliebt. Manche hassen ihn, andere machen sich hinter seinem Rücken über ihn lustig. Im Angesicht des Herrn aber kuschen die meisten wie junge Hündchen, denn sie brauchen die Fürsprache Papis für ihre weitere Karriere.

Das Vormund-Mündel-Verhältnis bewirkt, daß sich Papi für seine Mündel verantwortlich fühlt. Er entläßt keinen, und denen, die gehen müssen oder wollen, besorgt er Stellen. Diese Fürsorge ist auch notwendig, denn die Produktion von Papis Labor ist nach Menge und Güte auch für deutsche Verhältnisse zweitklassig. Sein dauerndes Dazwischenreden, seine unablässige Kontrolle und Unstetigkeit töten die Initiative und das Interesse seiner Mitarbeiter. Der Widerspruch zwischen der Allmachtsgewalt Papis und seiner Inkompetenz in experimentellen Fragen lähmt das Labor. Es gleicht einer Bleikugel und Papi einem Grashüpfer, der an einer Gummischnur daran zieht und zappelt.

Das Glückskind

Glückskind ist keine imposante Führungspersönlichkeit wie Papi. Zwar stammt auch er aus guter Familie, doch seine Vorträge sind so beeindruckend wie ein Pickel auf der Nase, und im Diskutieren läßt er selbst einen Doktoranden zu Worte kommen. Er ist jünger, unauffällig, nachlässig angezogen, mit freundlichen und etwas unterwürfigen Umgangsformen.

Glückskind würde es nie einfallen, einen Mitarbeiter mit ungebetenen Ratschlägen zu nerven. Er beschränkt sich darauf, sich in seinem Büro mit höherer Wissenschaftspolitik, dem Schreiben von Übersichtsartikeln, der Kunst oder Buchhaltung zu beschäftigen. Um sein Labor kümmert er sich wenig, denn er ist weise und weiß, daß er da draußen nur stören würde. Glückskind sagt, womit er gerne berühmt werden möchte; wie seine Angestellten das erreichen, ist deren Sache.

Glückskind ist mit allen Mitarbeitern auf Du. Soziale Unterschiede macht er

Labororganisation, Modell II: Das liberale Labor

Jedwedem zieht er seine Kraft hervor
die eigentümliche und zieht sie groß
läßt jeden ganz das bleiben was er ist
so weiß er allen Menschen Vermögen zu
dem seinigen zu machen
Schiller Wallenstein I

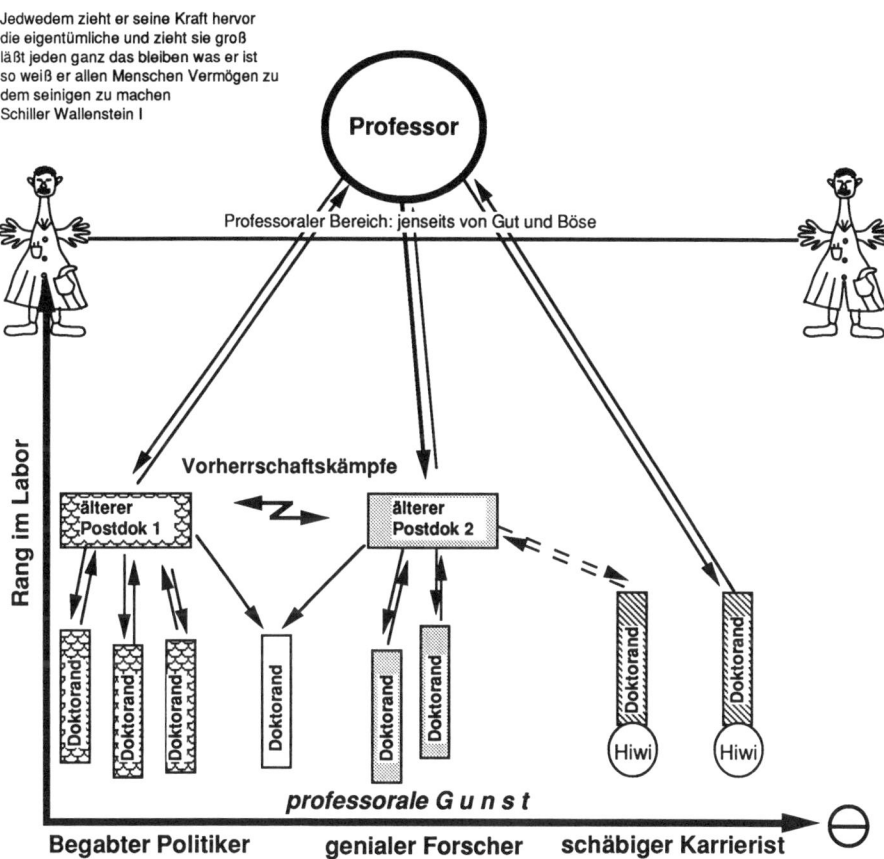

Professor

Professoraler Bereich: jenseits von Gut und Böse

Rang im Labor

Vorherrschaftskämpfe

älterer Postdok 1

älterer Postdok 2

Doktorand
Doktorand
Doktorand
Doktorand
Doktorand
Doktorand
Doktorand
Doktorand

Hiwi   Hiwi

professorale G u n s t

Begabter Politiker   genialer Forscher   schäbiger Karrierist

Erläuterungen:

Der liberale Professor weiß was er will: Max-Planck-Direktor und berühmter Forscher werden. Er weiß auch wie er es wird. Das Forschen überläßt er denen, die etwas davon verstehen: den gewöhnlichen Forschern. Sein Reich ist die Politik, denn da, nicht an der Bench, fallen die wichtigen Entscheidungen in der deutschen Forschung. Seine gewöhnlichen Forscher forschen frei in einem weitgestreckten Rahmen. Das hat Vorteile: freudig beuten sie sich selbst viel gründlicher aus, als das der Professor je vermöchte. Er bekommt den Ruf der Menschenfreundlichkeit, auch wenn seine Doktoranden kaum mehr sind wie nasse Putzlappen, die die Dreckschicht über den Erkenntnissen aufwischen und nach dem Auswringen auf dem Müll landen.
Der wissenschaftliche Erfolg des Labors hängt von der Fähigkeit des Professors ab, gute und selbständige Mitarbeiter anzuwerben. Sein Ruf, ein umgänglicher Chef zu sein, verschafft ihm die dazu nötige große Auswahl, seine politische Tätigkeit Geld und Gelegenheit, die Ergebnisse zu vermarkten.

nicht, seine Untergebenen mögen ihn. Zwar hat er wenig Autorität, aber die braucht er auch nicht, denn seine Angestellten müssen nicht angetrieben werden. Sie haben den Eindruck, sie wären selbständig, und innerhalb des Labors sind sie das tatsächlich. Keiner redet ihnen in ihr Problem hinein, ihr Ehrgeiz kann sich entfalten, sie arbeiten - von ein, zwei Faulenzern abgesehen -, daß die Fetzen fliegen. Doktoranden und Postdoks mit einem 16-Stundentag, die Wochenenden eingeschlossen, sind in Glückskinds Labor nicht selten. Es gibt keine Anwesenheitskontrollen, und Glückskind fordert keine Wochenendarbeit. Im Gegenteil, für seine Arbeitstiere, diese schäbigen Karrieristen, hat er leise Verachtung. Heimlich bewundert er den Faulenzer seines Labors. Genie besteht nach Glückskind nämlich darin, durch wenig Arbeit, jedenfalls durch wenig eigene Arbeit, berühmt zu werden. Diese Meinung behält er aber weitgehend für sich, denn erstens ist Bescheidenheit eine Zier, und zweitens möchte er seinen armen Laborschweinen nicht die Lebensstütze nehmen.

Die Labororganisation machen die Doktoranden und Postdoks unter sich aus, Glückskind wird nur in Streitigkeiten als Schiedsrichter angerufen. Die gibt es oft, denn Glückskinds Führungsschwäche begünstigt die Bildung von Einflußbereichen (Fürstentümern) durch ältere Postdoks. Glückskind mischt sich so wenig wie möglich ein. Solange die Trottel sich nicht die Köpfe einschlagen, ist es ihm gleich. Daß ihm ein Postdok das Heft aus der Hand reißen könnte, braucht er nicht zu fürchten. Das verhindert der Neid der anderen Postdoks und die Tatsache, daß die Postdoks nach etwa 3 Jahren das Labor wechseln.

Im Grunde seines Herzens ist Glückskind gutmütig, mit einer weichen Seele belastet, die so vielfarbig, tiefgründig und spiegelglatt ist wie eine schwäbische Güllegrube. Von Angesicht zu Angesicht kann er keine Bitte abschlagen. Das Elend eines Bittstellers rührt ihn zu Tränen, in langen Gesprächen, denn er ist etwas geschwätzig, sagt er alles zu, wenn auch in unbestimmter Form. Er will nicht nur berühmt, er möchte auch noch menschlich sein. Kein Mitarbeiter geht ungetröstet von ihm. Sein guter Wille wird glücklicherweise durch ein schwaches Gedächtnis ausgeglichen. Ist ihm der Bittsteller aus den Augen, so greifen wieder die alten, harten Sachzwänge. Schließlich ist er nicht die Wohlfahrt.

Glückskinds wissenschaftlicher Erfolg ist Glückssache. Während der blinde Papi ein paar Hühner an der Leine führt und ihnen befiehlt, pick da, pick dort, läßt Glückskind seine Hühner im Gehege frei laufen. Seine Hühner sind blind, sie sehen weder Zaun noch Korn, aber sie picken zehnmal so eifrig wie Papis Federvieh, und tatsächlich finden sie des öfteren mal hier ein Körnchen, dort ein Würmchen. Manche legen sogar ein Ei, das Glückskind dann in seine Pfanne schlägt, auf Kongressen fachmännisch brät und bei der DFG gegen ein paar neue Postdoks eintauscht.

Glückskind ist der moderne, der zeitgemäße deutsche Professor. Er hat die

Mechanismen der deutschen Wissenschaft am besten verstanden. Er ist ihr Zwischenhändler.

Die Chefin

Die Chefin ist eine höhere Tochter. Sie verfügt über gepflegte Umgangsformen, Geld und die Fähigkeit, Instrumente zu spielen: zu Hause Klavier, an der Universität die erste Geige. Im Labor wirkt das magere Gestell in weiten, schlecht sitzenden Hosen wie eine Hausfrau nach dem Frühjahrsputz. Selbst die elegante Dame, in die sie sich bei DFG-Verhandlungen, Berufungen oder Antrittsvorlesungen verwandelt, wirkt leicht verstaubt, erzeugt beim Betrachter den Eindruck, ein paar Ecken hätten noch das Wischtuch nötig. Ihr Normalzustand ist eine synthetisch-glatte, zuckersüße Freundlichkeit mit einem Schuß hilfloses Frauchen, die übergangslos in neurotische Wutanfälle kippen kann. Ein fetter Kater, von ihren Untergebenen heimlich Herr Breitlinger genannt, folgt ihr lautlos in Seminare und Labors.

Wie jeder richtige Professor hat die Chefin harmlose Schrullen, z.B. die Angewohnheit, sich während der Seminare ihrer Mitarbeiter aus unappetitlichen Plastikgefäßen mit leicht verdorbenen Lebensmitteln, wie Quark oder Stangenbohnen, zu verpflegen. Die letzteren sind häufig in einem angegorenen Zustand, der zusammen mit den Schweißfüßen der Doktoranden für eine interessante Geruchsmischung sorgt.

Die Interessen der Chefin gelten ausschließlich der Wissenschaft, ihre Begabung aber liegt in der Politik. Sie besitzt die Gewandtheit eines Berufsdiplomaten, die Gemütstiefe eines Taschenrechners und die Gewissenlosigkeit einer Gottesanbeterin. Das äußert sich nicht nur im Erfolg ihrer Berufungsverhandlungen oder Beratungen mit der DFG. Mit schonungsloser Begeisterung für die wissenschaftliche Wahrheit hetzt sie zwei Doktoranden gleichzeitig auf das gleiche Problem. Die beiden Laborknechte wissen nichts voneinander. Sie gleichen zwei Booten in der Nacht, die nebeneinanderher auf ein fernes Lichtlein zurudern, das der heilige Gral sein soll, aber oft nur ein Glühwürmchen ist. Die Chefin hat eine zweifache Bestätigung der Lichtnatur und kann Geschwindigkeit und Geschicklichkeit der Doktoranden vergleichen.

An die herausragenden wissenschaftlichen Leistungen, durch welche die Chefin ihren Lehrstuhl bekommen hat, können sich selbst ihr nahestehende Kollegen nicht mehr erinnern. Da scheint es, wie bei vielen Professoren, etwas geheimnisvoll zugegangen zu sein. Trotzdem, und das ist nicht ironisch gemeint, ist sie die richtige Frau am richtigen Platz. Ihre Untergebenen hat sie im Griff, sie verfügt über das, was neudeutsch *Führungsqualitäten* heißt. Das sind keine künstlichen, auf Mana-

Wenn Sie erst nach 2 Jahren sehen, daß der
Forschungsansatz den Ich vorgeschlagen habe
nichts taugt, haben Sie In der Wissenschaft
nichts verloren

gerkursen eingeübten Techniken, sondern die soliden, zeitlos gültigen Umgangsformen zwischen Herrin und Diener. In früher Kindheit eingeimpft, wirken sie
nicht anstudiert und sind daher erfolgreich. Ein Gefühl für erfolgreiche Projekte
und die Fähigkeit, Geld dafür heranzuschaffen, haben ihr Labor international
bekannt gemacht. Es liefert gute Ergebnisse und liegt in der deutschen Spitzen-
gruppe.

Ihr hemmungsloser Ehrgeiz, gepaart mit einem Sinn für das Wesentliche, läßt sie
das akademische Titelwesen insgeheim verachten. Für Doktoranden, die gute
experimentelle Arbeit geleistet haben, ist die Doktorprüfung Formsache.

Bei den Kollegen ist die Chefin unbeliebt, von ihren Untergebenen wird sie
ausnahmslos gehaßt. Diese streiten ihr, allerdings nur gegenüber Dritten, jegliche
wissenschaftliche Kompetenz ab. Wer Vorträge der Chefin gehört hat, hält es für
möglich, daß die Mitarbeiter recht haben. Ihr Haß beruht nicht nur auf dem
Führungsstil der Chefin. Ihre soziale Herkunft aus dem gehobenen Bürgertum

macht die Chefin unfähig, sich in die Lage von Leuten mit schwachem finanziellem Hintergrund zu versetzen. Dem Doktoranden, der sie um ein paar Tage Urlaub für seinen Umzug bittet, schlägt sie vor, die Arbeit von einer Firma machen zu lassen, um die Zeit fürs Labor zu sparen. Die Doktorandin, die Urlaub haben möchte, um ihre kranke Mutter zu pflegen, soll stattdessen eine Krankenschwester einstellen. Auch die Disziplinierungsmaßnahmen der Chefin sind originell. Postdoks, die nicht nach ihrer Pfeife tanzen, wird - und sollten sie mit Frau und Kind aus dem fernen Osten angereist sein - einfach das Geld gestrichen.

Die höhere Wissenschaft

Der gewöhnliche Forscher treibt Wissenschaft auf der Laborbank, der Professor auf der höheren Ebene der Schreibtischplatte. Auf ihr schwebt er, losgelöst von der Erdenschwere mühseliger Experimente, durch die tiefliegenden Wolkendecken der Spekulation und des Hypothesenmachens in die lichtdurchfluteten Sphären der unbekannten Genies. Von dort aus sieht er den Boden nicht mehr.

Experimente erreichen den Professor im, über das Filter seiner Mitarbeiter, geklärten Zustand. Er liest und kontrolliert die zur Veröffentlichung bestimmten Arbeiten, beteiligt sich als Zuhörer an Seminaren und schlägt Experimente vor. In guten Labors mit fähigen Mitarbeitern bleiben das auch Vorschläge, d.h., sie werden selten durchgeführt, denn dem Forscher fällt oft ein interessanteres, immer aber ein anderes Experiment ein.

Ein Professor, der befiehlt und verbietet, nimmt seinen Dienstboten die Initiative sowie das Gefühl, an etwas Eigenem zu arbeiten, und damit die Lust am Forschen. Der Postdok fühlt sich bevormundet und genervt wie ein Autofahrer, dem der Beifahrer vorschreibt, wie die Gänge einzulegen sind. Einzig das ungebundene Arbeiten und die Identifikation mit seinem Projekt hat der gewöhnliche Forscher dem durchschnittlichen Arbeitnehmer voraus. Es gibt ihm Selbstbewußtsein, Ehrgeiz und die Illusion, für seine Liebhaberei bezahlt zu werden.

Tatsächlich taugt der Rat des Professors selten für die Probleme, die am Labortisch auftreten. Die Laborerfahrungen des Professors liegen schon Jahre zurück und sind veraltet, er kennt die neuen Techniken nur noch vom Hörensagen. Zudem ist ihm über seinen Managementaufgaben der Einblick in die Details der Forschungsarbeiten und damit der Kontakt zur experimentellen Wirklichkeit verlorengegangen. Die Kunst, aus möglichst einfachen Experimenten möglichst viel Information zu gewinnen, hat er ebenso verlernt wie das Einschätzen des Verhältnisses von Arbeitsaufwand und Informationsgewinn. Vor einem praktischen Problem steht er wie der Aufsichtsratsvorsitzende einer Automobilfirma vor dem Getriebeschaden seines Firmenwagens.

Labororganisation, Modell III: Das chaotische Labor

Trifft heute nicht, trifft es doch morgen und trifft es morgen, so lasset uns heut noch schlürfen die Neige der köstlichen Zeit
Schiller, Wallenstein I

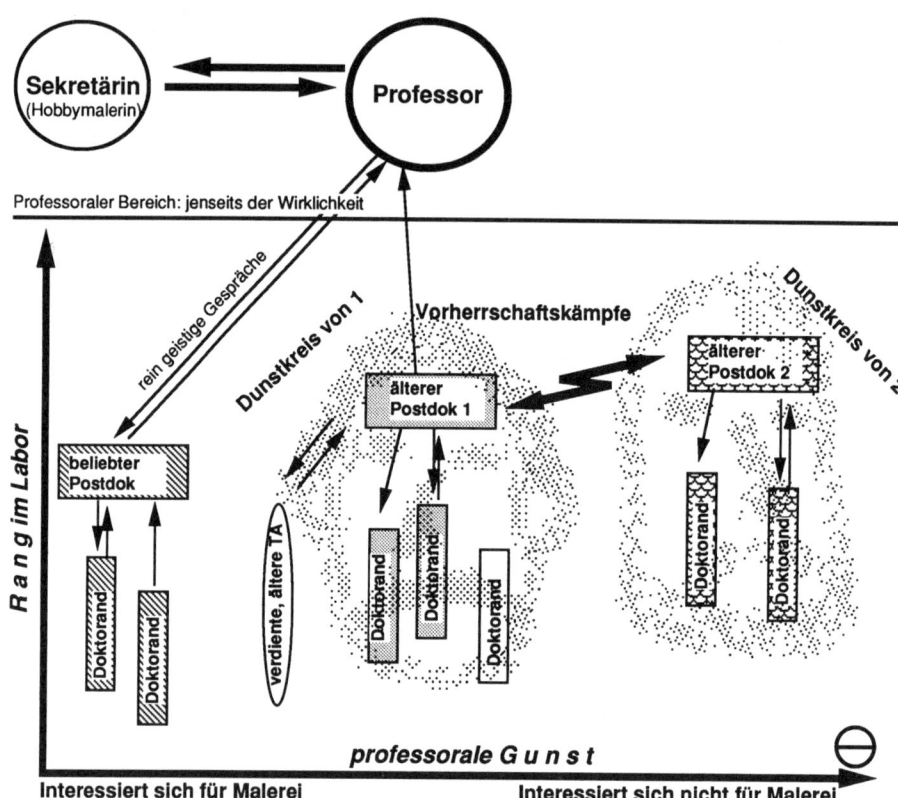

Erläuterungen:

Das Labor des chaotischen Professors beschäftigt sich mit wissenschaftlichen Fragestellungen, die vor 20 Jahren mittelmäßig aktuell waren. Der Professor wurde von intriganten Kollegen auf ein Karrierenebengleis abgeschoben. Seither ist er erhaben über das mühselige Ameisendenken des Naturwissenschaftlers. Er hat die Nichtigkeit rationaler Weltschau erkannt. Sein Hauptinteresse gilt den expressionistischen Malern des 17. Jahrhunderts und im Geheimen beschäftigt er sich mit dem theoretischen Zusammenhang von Quantenphysik und Homöopathie. Das Labor ist ihm lediglich Quelle von Ärger und Gehalt.
Die gewöhnlichen Forscher investieren den größten Teil ihrer Zeit und Erfindungsreichtums in den Vorherrschaftskampf zwischen den Postdoks 1 und 2.
Die Ergebnisse des Labors hängen von den Fähigkeiten der Postdoks 1 und 2 ab. Die sind gering, denn gute Forscher suchen sich andere Labors. Das soll aber nicht heißen, daß im chaotischen Labor nichts geleistet würde. Jeder, der das Labor verläßt, hat eine gründliche Ausbildung im Kartenspielen genossen, ist Experte im Veranstalten von spontanen Laborfesten und kennt die wichtigsten Rotweinsorten.

Der Forscher an der Bench sieht den Professor nicht als wissenschaftliche Autorität, sondern als Störer, Unterschriftenlieferanten, Anrufinstanz und Schiedsrichter bei Streitigkeiten, Denkanregung und Informationsquelle. Der gewöhnliche Forscher sitzt näher am Problem, er sieht es besser. Für ihn ist der Professor ein Träumer, der die Arbeit durch Einmischungen in die Experimenteplanung und Vorschriften behindert.

Der moderne Professor läßt seine Mitarbeiter ungestört vor sich hinwursteln, zwingt ihnen keine Experimente auf und läßt sie bei ihrem Willen und ihren Ideen. Die gewöhnlichen Forscher planen ihre Experimente selbst, und sie haben auch das entscheidende Wort bei Anschaffungen. Statt der Kuh vorzuschreiben, wie man Milch macht, beschränkt sich der moderne Professor aufs Absahnen und Verkaufen.

So glänzt der Professor nach außen, doch im eigenen Labor hat er wenig zu sagen. Er ist, seiner tatsächlichen Stellung nach, ein Vollzugsbeamter seiner Doktoranden und Postdoks. Damit ist der moderne Professor fein raus. Das Beste, was er im Labor tun kann, ist nichts zu tun. Er wartet ab, was seine Mitarbeiter für Resultate liefern, lobt, wenn sie Erfolg haben, und dreht die Schrauben an, wenn nichts heraus kommt. Die Labordiskussionen führt er, um sich auf dem laufenden zu halten, um einen geknickten Mitarbeiter wieder aufzurichten, weil es ihm über seinen Verwaltungsaufgaben langweilig geworden ist oder wenn ihn die Furcht plagt, die Kontrolle über seine Untergebenen zu verlieren. Eigene Experimente führt er nie durch. So modern ist er nun auch wieder nicht.

3.4   Die Spielregeln

Der Antrag

Anträge schreibt man, um Geld zu bekommen. Der Antrag ist somit ein zentrales Element im Geistesleben des Wissenschaftlers. Das gilt vor allem für die oberen Wissenschaftler, die Professoren, bei denen Anträge lesen oder schreiben fast die einzige intellektuelle Tätigkeit ist, die sie mit ihrem Fach noch verbindet.

Es gibt Reiseanträge, Anträge auf Stipendien, Anträge für Sachmittel, Stellenanträge, lange Anträge, kurze Anträge, formlose Anträge und Antragsformulare. Anträge schreibt man an die verschiedensten Stellen: an die DFG, an die Volkswagenstiftung, an das BMFT*, an die Universität. Die Länge bzw. das Gewicht der Anträge (in Gramm) ist mit der Höhe des beantragten Geldbetrags nach einem geheimnisvollen Schlüssel verbunden, der aber nur Eingeweihten bekannt ist. Der Autor gehört nicht dazu. Er weiß aber, daß, soll der Antrag Erfolg haben, man sich nicht von den Merkzetteln beeinflussen lassen darf, auf denen hingewiesen wird, daß

---

* Erläuterungen Kapitel 8, Wörterbuch

ein Antrag kurz und präzise zu sein hat. Immer gilt die Faustregel: Soll der Antrag Erfolg haben, dann muß er auch Gewicht haben.

Die Rede

Die Wissenschaft lebt von Ergebnissen, der Wissenschaftler von ihrem Verkauf. Verkauft werden Ergebnisse über Papers und Vorträge. Vorträge sind Diashows von 20 bis 45 min Länge, an die sich 10 bis 20 min Fragezeit, die Diskussion, anschließt.

Der gewöhnliche Forscher trägt seine Ergebnisse selten selbst vor. Dazu bräuchte er Einladungen für Kongresse, und die bekommt nicht er, sondern sein Professor. Doch auf unwichtige Kongresse schickt der Professor seinen gewöhnlichen Forscher, der damit Gelegenheit bekommt, das "sich gut verkaufen" zu üben. Diese Fertigkeit spielt nicht nur bei Bewerbungen eine Rolle.

Gute Bücher sagen, der Sinn einer Rede sei, den Zuhörern kurz und klar zu vermitteln, was der Redner zu sagen hat. Doch dieses Buch ist nicht dem Guten, sondern der Wirklichkeit verpflichtet, und der wirkliche Sinn einer wissenschaftlichen Rede ist es, einen guten Eindruck zu machen. Der gute Redner zeichnet sich nicht durch hervorragende Ergebnisse aus, sondern dadurch, daß er mäßige Ergebnisse hervorragend verkauft.

Es ist aber ein Fehler, magere Ergebnisse durch geschwollene Fremdwörter, schnelles Reden und unübersichtlichen Aufbau verschleiern zu wollen. Die Experten unter dem Publikum lassen sich nicht täuschen und werden wütend auf den Faselhans, der ihnen die Zeit stiehlt. Zuhörer eines anderen Fachgebiets durchblicken die Taktik vielleicht nicht, doch dafür schalten sie nach ein paar Minuten ab, langweilen sich oder denken über ihre Steuererklärung nach. Hinterher haben sie leichte Minderwertigkeitsgefühle; doch vergessen sie deine Rede, noch während du sprichst, und ihre Minderwertigkeitsgefühle nehmen sie dir übel. Du wirkst wie Grießbrei, der zu den Ohren herauskommt.

Besser ist die Methode "tapferes Schneiderlein". Stelle deine Ergebnisse glasklar und leicht verständlich dar und behaupte mit Bestimmtheit, Selbstsicherheit und ohne Arroganz, daß dein Weg zum Ei des Kolumbus führe. Der Zuhörer freut sich, daß er etwas verstanden hat, und das nimmt ihn für dich ein. Zwar sieht deine Arbeit keineswegs nach Weltspitze aus, aber wer weiß schon, wohin Forschungsprojekte führen? Aus Dankbarkeit dafür, daß du ihn nicht gelangweilt hast, schluckt der Hörer deine Behauptungen. Mit der Zeit entschwinden die mickrigen Experimente seinem Gedächtnis, doch deine kühnen Pläne bleiben haften. Der gute Eindruck ist entstanden.

58

Bescheidenheit kann sich der aufstrebende Wissenschaftler nicht leisten - und bei Vorträgen schon gar nicht. Warum nur die eigenen, schäbigen Daten zeigen und die gute Arbeit des Benchnachbarn verschweigen? Wenn dein Professor über die Arbeit deiner Kollegen vortragen kann, kannst du das auch. Dem Vorwurf des geistigen Diebstahls beugt ein Schlußdia mit den Namen der Beteiligten vor. Genausowenig wie für den Nachspann eines Films interessiert sich nämlich das Publikum für langatmige Erklärungen darüber, wer bei der vorgetragenen Arbeit wofür verantwortlich ist. Die Hörer zu langweilen aber, kann nicht Sinn einer Rede sein. Elegant endest du mit: The next slide shows the people which participated in the work presented; thank you for your attention. Die Glanzlichter der Arbeit fallen auf dich, und keiner wird einen Blick (geschweige denn einen Gedanken) auf die Liste der unwichtigen Handlanger und tumben Pipettierknechte verschwenden.

Auf diese Weise Schaum zu schlagen klingt so einfach, wie dein Professor sich die Durchführung deiner Experimente vorstellt. Doch Schaum schlagen will gelernt sein. Vorträge halten lernt man, wie Forschen oder Flöhe fangen, nicht aus Büchern, sondern durch Übung. Die folgenden Tips erleichtern die ersten Versuche:

A. Vorbereitungen

1.   Dir scheinen deine Ergebnisse klar und einleuchtend, denn du beschäftigst dich dauernd damit. Für den Zuhörer aber sind es neue Ergebnisse aus einem fremden Gebiet, für die er wenig Interesse aufbringt.

Also: einfacher, logischer Aufbau, kurze Sätze und übersichtliche Dias. Hin und wieder Dias mit einer Zusammenfassung einschieben und höchstens 3 bis 4 schlichte Sätze oder eine Figur auf ein Dia packen.

2.   Unter naturgetreuen Umständen üben, z.B. in einem leeren Hörsaal.

3.   Die Rede nicht auswendiglernen, sonst klingt der Vortrag dahergeleiert.

4.   Keine elegante Kleidung. Den Wissenschaftler erinnert ein Redner mit Anzug und Krawatte an einen Pharmareferenten. Ein Aufsetzer dagegen, der dazu beiträgt, daß der Redner den Zuhörern im Gedächtnis haftet, kann nicht schaden. Der Autor empfiehlt T-Shirts mit wissenschaftsbezogenem Aufdruck wie "Sequence your genes" oder "I like to be a protein chemist" oder ähnlichem Blödsinn.

5.   Ein Trick verhindert, daß die Dias während des Vortrags auf dem Kopf oder seitenverkehrt erscheinen. Die richtige Stellung wird auf dem Diarahmen mit einem roten Punkt so gekennzeichnet, daß der Punkt, liegt das Dia im Schieber, in Projektionsrichtung hinten rechts oben erscheint.

B. Redetechnik

1. Die Rede nicht ablesen, sondern frei halten. Ein kurzes Redemanuskript beruhigt. Es kann hinten in der Hosentasche verstaut werden und sollte während der Rede auch da bleiben.

2. Der Anfang besteht darin zu sagen, worum es geht und wie wichtig deine Forschung ist. Er mißlingt oft, weil das Lampenfieber zu groß ist. Beginne mit einem dunklen Dia. Den Satz, "can I have the first slide", kann sich auch der Aufgeregteste merken. Schlagartig richtet sich die Aufmerksamkeit der Zuhörer vom hochroten Gesicht des Redners auf das Dia, und der Präsentierteller, auf dem der Redner steht, taucht in ein angenehmes Halbdunkel, in dem er seine Aufregung überwindet.

3. Das Dia nicht nur zeigen, sondern mit Stock oder Lichtzeiger erklären. Diese Geräte haben den zusätzlichen Vorteil, daß man sie festhalten muß. Damit ist das Handproblem (wohin damit?) schon zu 50% gelöst.

4. Verlierst du den roten Faden, keine Entschuldigungen stammeln, sondern "next slide" sagen.

5. Langsam, laut und deutlich mit dem Gesicht zum Zuhörer reden; Stimme modulieren und öfters eine Pause machen.

6. Es wirkt peinlich, wenn sich ein Anfänger mit Witzen versucht.

7. Die Zuhörer mit einer kurzen Zusammenfassung der Ergebnisse oder Hypothesen in 2-3 Sätzen entlassen ("take home message").

C. Diskussion

1. Die Diskussion ist so wichtig wie der Vortrag selbst, denn der letzte Eindruck ist entscheidend. Es steht dem Redner besser an, einen holprigen Vortrag daherzustottern und dafür die Diskussion souverän zu beherrschen, als einen geschliffenen Vortrag zu liefern und dann bei der Diskussion wie ein Trottel dazustehen. Der Redner bereitet sich auf die Diskussion vor, indem er sich vor dem Vortrag mögliche Fragen und Antworten überlegt und die Papers der Konkurrenz und Reviews durchliest.

2. Die Antwort auf eine Frage nicht hastig heraussprudeln, sondern, nach einer kurzen Bedenkpause, ruhig, sicher und bestimmt geben. Muß eine Frage mit "I dont know" beantwortet werden, dann nicht schuldbewußt, sondern selbstsicher. Nie eine Antwort schuldig bleiben; nie mit betretenem Gesicht dastehen. Ein Redner, der auf eine Frage schweigt, verliert mehr Gesicht als einer, der selbstbewußt Unsinn antwortet.

3. Fällt einem auf komplizierte Fragen nichts ein, kann es ein Ausweg sein, eine Frage zu beantworten, die gar nicht gestellt worden ist, oder nur einen Teil der Frage dafür aber ausgiebig mit Worten abzudecken. Oft gibt sich der Fragende zufrieden, weil er verwirrt ist oder nicht nachzusetzen wagt. Gegenfragen, z.b. die Bitte, die Frage genauer zu erklären, lassen Zeit gewinnen.

4. Manche Amerikaner haben die Angewohnheit, einem Argument zur Bekräftigung eifrig hinterherzunicken. Bei Deutschen, die mit diesem Verhalten ihre USA-Läufigkeit herausstreichen wollen, wirkt die Nickerei affig.

Rednerbegabung sollte nicht überbewertet werden, denn sie entscheidet die wissenschaftliche Karriere genausowenig wie experimentelles Geschick. In der Forschung hat Rednerbegabung etwa die Bedeutung des Autospoilers: Das Fahrzeug sieht eindrucksvoller aus und liegt besser auf der Straße, doch schneller wird es nicht.

Der Progress Report

Labor- oder Institutsleiter, die sich für besonders fortschrittlich halten und deren Gruppe bereits größere Ausmaße angenommen hat, veranstalten einmal wöchentlich einen *Progress Report*. Vor vollständig versammeltem Labor trägt jeweils ein Mitarbeiter die Ergebnisse vor, die er seit seinem letzten Progress Report erarbeitet hat, und schildert die Schwierigkeiten, mit denen er kämpft. Beruhigt nehmen die zuhörenden Forscher zur Kenntnis, daß andere auch nur mit Wasser kochen, und genießen das erhebende Gefühl, einem armen Kollegen zu helfen. Die Zuhörer machen den Vortragenden auf fehlende Kontrollen aufmerksam und stellen luftige Vorschläge in den Raum, die wahrscheinlich auch nicht klappen, aber doch die eigene Kompetenz unterstreichen. Der begossene Pudel vorn an der Tafel muß nicken und süßsäuerlich "ja, das ist auch noch eine Möglichkeit" sagen. Bei den seltenen Gelegenheiten dagegen, bei denen der Vortragende über einen wissenschaftlichen Durchbruch berichten darf, tut er das mit innerem Triumph, aber äußerer Bescheidenheit, denn seine Stellung als Akademiker verpflichtet ihn zu vornehmen Verhalten. Die Gesichter der Zuhörer nehmen einen etwas verkniffenen Ausdruck an, und eine Mischung aus unterdrücktem Neid und Unterlegenheitsgefühl macht sich Luft in ehrerbietigen Fragen.

Im Grunde ist der Progress Report eine öffentliche Prüfung, der die Anwesenheit des Laborleiters die gewisse knisternde Atmosphäre gibt. Das Lokalprestige des Forschers liegt auf der Waagschale, denn nirgends werden seine Fähigkeiten so gnadenlos offenbart wie beim Progress Report. Hier wird klar und öffentlich, wer wieviel in einem bestimmten Zeitraum zustande gebracht und was er sich dabei gedacht hat.

Die Vorteile des Progress Reports für den Laborleiter sind eine Hebung der Arbeitsmoral und die bequeme Kontrolle der Mitarbeiter. Daher ist der Progress Report bei Laborleitern beliebt, ja für Magnaten eine schlichte Notwendigkeit. Wie sonst soll der Mann, der die meiste Zeit auf Reisen war, erfahren, was er in den letzten Wochen geforscht hat?

Der Progress Report ist, meist auf Veranlassung des Laborleiters, in Englisch, und zwar auch dann, wenn alle Mitarbeiter Deutsche sind oder Deutsch sprechen. Das wird damit begründet, daß es eine gute Übung für Vorträge im Ausland sei. Dem mag so sein, aber der eigentliche Grund ist wohl, daß die Laborleiter glauben, dadurch ihrer Provinzforschung internationales Flair geben zu können.

Die Anzeige

Die Stellenangebote des deutschen Akademikermarkts erscheinen in der *Zeit*, der *Frankfurter Allgemeinen Zeitung* und in *Nature*, die des amerikanischen Marktes in *Science*, des englischen in *Nature*. Wer einen Eindruck vom Lebensstandard des Postdoks haben möchte, sollte diese Anzeigen lesen, denn die englischen und amerikanischen Stellenanzeigen nennen oft das Gehalt in Zahlen. Zur Zeit verdient ein Postdok, je nach Erfahrung, in den USA zwischen 18.000 und 28.000 $, in England zwischen 10.000 und 16.000 £ im Jahr. Das sind 2.500-3.900 DM pro Monat. Es handelt sich um das *Bruttogehalt*.

Wie es zwei Sorten von Forschern gibt, so gibt es auch zwei Sorten von Stellenanzeigen. In den einen werden Postdoks oder Doktoranden gesucht. In diesen Anzeigen werden tatsächlich Postdoks und Doktoranden gesucht. Es sind Suchanzeigen. Die Anzeigen dagegen, in denen z.B. die Karl-Heinz-Universität in Schweighausen einen C3*-Professor oder einen Arbeitsgruppenleiter sucht, zeigen in 9 von 10 Fällen an, daß in Schweighausen eine Stelle *vergeben* wurde. Es sind Findeanzeigen. Wie geht das? Der Gesetzgeber zwingt die Universitäten, freiwerdende Stellen öffentlich, d.h. in Anzeigen, auszuschreiben. Naiv will er damit dem Seilschaftenwesen und der Vetternwirtschaft Einhalt gebieten. Die Oberforscher umgehen das, indem sie sich zuerst aussuchen, wen sie haben wollen, und danach eine auf den Glücklichen zugeschneiderte Stellenanzeige aufgeben. Die Anzeige zeigt an, daß man den *Richtigen* schon gefunden hat.

Auf Findeanzeigen melden sich 50 bis 100 Bewerber, denen die Verwaltung den Eingang ihrer Bewerbung bestätigt. Danach hören die Möchtegern-Professoren entweder gar nichts mehr oder, wenn es der Verwaltung der Mühe wert ist, eine Absage. Zu einem Vortrag werden sie nicht eingeladen; entweder wegen der Kosten oder wahrscheinlicher, weil die maßgebenden Herren die Farce nicht zu weit treiben wollen. Viele Bewerber wissen, daß es sich um Findeanzeigen handelt. Sie schreiben trotzdem, weil es nur die Briefmarke kostet und es hin und wieder vorkommt, daß derjenige, für den die Stelle bestimmt war, ausfällt (bessere Stelle, Autounfall, Krankheit, Krach mit seinem Gönner).

---

* Erläuterungen Kapitel 8, Wörterbuch

62

Die Seilschaften

Obwohl der Begriff Seilschaft im akademischen Bereich weit verbreitet ist, hat er im Volksmund einen üblen Klang und wird in einem Zuge genannt mit Vetternwirtschaft, Protektion oder Mafia. Das ist ungerecht. Mit der Mafia kann man die Wissenschaft nicht vergleichen, denn in den Gremien werden Feinde mit Gutachten und nicht mit Schrotflinten abgeschossen - und die wenigsten Professoren stammen aus Sizilien. So möchte der Autor die guten Seiten der Seilschaften aufzeigen, ihren moralischen Kern, der so tief im Sumpf der Ausschüsse und Komitees liegt, daß man ihn gern übersieht. Es sei dies das Hohelied der Verachteten, die einmal die Obersten sein werden, der Unbemittelten, die später die Mittel verteilen, und der Unterbelichteten, die als Leuchten der Wissenschaft flackern werden.

Eine Seilschaft ist ein Interessenverband zur gegenseitigen Unterstützung, ein nicht eingetragener Verein. Seilschaften entstehen aus Arbeitsverhältnissen oder aus alten Laborkameradschaften. Einer klettert nach oben und zieht die Kameraden mit, die den oben stützen und absichern. Wo andere gewundene Wege benutzen müssen, geht die Seilschaft direkt nach oben, denn nicht der Weg ist entscheidend, sondern das Ziel. Seilschafter sind Senkrechtsteiger.

Edel sind diese Freundschaften, die sich wie Efeu um einen Lehrstuhl ranken, denn die Menschenfreundlichkeit der fördernden Herren wird nicht an die große Glocke gehängt, und die niederen Glieder bemühen sich um unauffälliges Nachschieben. Bescheidenheit und Schweigen kennzeichnet das Treiben der Seilschafter. Ihr Seil ist gewoben aus starken Fasern der Treue und Dankbarkeit. Die Wahlsprüche *alle für einen, einer für alle* und *gemeinsam sind wir stark* kennzeichnen die hohen Ideale dieser eifrigen Kletterer.

Vermutlich werden viele Rädchen der deutschen Forschungsmaschine von Seilschaften in Bewegung gebracht - und geschmiert. Trotzdem werden sie in offiziellen Verlautbarungen nie erwähnt. Das liegt vielleicht daran, daß die Seilschaften unterirdisch arbeiten. Wie Regenwürmer wühlen sie sich durch die stickige Erde der Komitees und Gremien, lockern und brechen auf. Man sieht sie nicht, ihr Treiben ist schwer nachzuweisen, aber die Frucht wächst und gedeiht. Den schlafmützigen deutschen Forschungspolitikern ist diese soziale Kraft zwar nicht entgangen, aber anstatt sie zu fördern, versuchen sie, diese gesetzlich plattzuwalzen. Doch wahre Freundschaft ist diesen kleinkarierten Bemühungen gewachsen. Wie Gras durch Asphalt - leise, aber unaufhaltsam - bricht sie durch die Lücken der grauen Gesetze. Die grünen Halme strecken sich der wärmenden Sonne entgegen, biegen sich nach dem vorherrschenden Lüftchen und versuchen, artfremde Kräuter am Eindringen zu hindern.

Die Habilitation

Die Habilitation ist eine beschränkte Einrichtung; nämlich beschränkt auf die Wissenschaft des deutschen Sprachraums und auf Postdoks, die genügend überflüssige Zeit haben, eine überflüssige Abhandlung zu schreiben. Diese heißt Habilitationsschrift und ist ein Wiederaufguß längst veröffentlichter Daten des Habilitanden. Ihr Schicksal gleicht dem der Diplom- oder Doktorarbeit, und ihr Sinn ist dem Autor unbekannt; doch trägt sie zum Überleben der Kleindruckereien der deutschen Universitätsstädte bei.

Wie ein Fastnachtsorden verpflichtet die Habilitation keinen zu nichts und würdigt auch keinen Verdienst. Während aber der Fastnachtsorden die Gunst eines närrischen Elferrates ausdrückt, bezeugt die Habilitation das Wohlwollen der Fakultätsversammlung. Das Verleihen von Orden ist das einzige Privileg der Elferräte und die Habilitation einer der letzten Reste der universitären Selbstverwaltung. Deswegen wird zähe daran festgehalten. Trotzdem es ist nicht einfach, sich habilitieren zu lassen. Die größte Schwierigkeit ist es, einen einflußreichen C4*-Professor zu finden, der, aus welchen Gründen auch immer, mit dem Habilitanden durch die gewundenen Holzwurmgänge der Bretter kriecht, welche die Professoren der universitären Gremien vor ihren Köpfen haben.

Die Habilitation bescheinigt die Fähigkeit, zu lehren und einen Lehrstuhl auszufüllen, doch in Wirklichkeit wird nicht die Lehrfähigkeit, sondern die Fähigkeit geprüft, einen Professor zu finden, der einen habilitiert. Der Inhalt der Habilitation ist also Leere: Sie berechtigt zu nichts außer zum Warten auf einen Lehrstuhl. Die meisten warten bis sie grau werden.

Viele glauben, daß sich mit der Habilitation ihre Chancen auf eine Professorenstelle an einer deutschen Universität erhöhen. Wahrscheinlich stimmt das sogar.

Das Rennen

Oft arbeiten am gleichen Vorhaben unabhängig voneinander verschiedene Labors. Diese Situation ist häufig bei Forschungen, die mit absehbarem Aufwand und bekannten Arbeitsmethoden publizitätsträchtige Ergebnisse abwerfen, wie der Klonierung* eines Neurotransmitterrezeptors* oder der Reinigung eines Ionenkanalproteins*. Derartige Themen sind offensichtlich, d.h., es braucht keines Genies, um die Forschungsmöglichkeit zu erkennen, und ihre Anzahl ist kleiner als die der Professoren.

Genies sind unter Professoren genauso selten wie unter Schustern oder Briefträgern. Dem durchschnittlichen Professor kommt eine originelle Forschungsidee nicht als Gedankenblitz. Entweder fällt sie ihm durch den Zufallsbefund eines Doktoranden

---

*   Erläuterungen Kapitel 8, Wörterbuch

64

in den Schoß oder sie muß mühsam, unter Einsatz von Phantasie und Denkarbeit, aus einem Heuhaufen unzähliger Papers herausgesucht werden. Denken ist anstrengend und bringt dem Menschen die Leere im Gehirn zu Bewußtsein; ein schmerzliches Gefühl, das nicht nur der deutsche Professor scheut. Er aber rechtfertigt mit der Einbildung, besser denken zu können als andere, seine bevorzugte Position vor sich selbst. Moralische Grundpfeiler dieser Art prüft ihr Besitzer selten auf Tragfähigkeit. Kommt noch die natürliche Risikoscheu des Beamten dazu - und ein menschliches Streben nach Gemeinsamkeit (ich will auch dabei sein!) -, so kristallisiert zwangsläufig der Entschluß, sich, d.h. einen Postdok und ein paar Doktoranden, auf ein Projekt zu werfen, dessen Ablauf voraussehbar ist und mit bekannten Techniken bearbeitet werden kann. Daß daran schon ein halbes Dutzend anderer Gruppen arbeitet, ist zwar störend, hat aber neben dem Vermeiden von Denkarbeit und risikoreichen Entscheidungen den Vorteil, daß Projekte, bei denen sich planbar eins aus dem anderen ergibt, die besten Aussichten haben, von der DFG finanziert zu werden. Nicht unwesentlich dürfte an solchen Entscheidungen auch die Tatsache beteiligt sein, daß das soziale Risiko des Rennens, die Konkurrenzgruppe könnte schneller sein, nicht der Professor trägt, der die Entscheidungen trifft, sondern der Doktorand oder Postdok, der die Arbeit macht.

Forschen braucht weniger Hirnschmalz und mehr Arbeit als der Laie glaubt. Auf vielen Gebieten ergibt sich, ohne größeres Nachdenken, ein Projekt aus dem anderen. Ein unbekanntes Protein wird gereinigt, danach werden partielle Aminosäuresequenzen gemacht, dann eine cDNA* aus einer Bank isoliert, danach cRNA* in Oocyten* exprimiert usw. Hat der Professor einmal auf solch einem Gebiet Fuß gefaßt, so klammert er sich darauf wie eine Filzlaus fest und läßt es bis zur Pensionierung nicht mehr los. Wer erfolgreich das erste Hämoglobin* sequenziert* hat, wird Hämoglobine sequenzieren* (lassen), bis er stirbt oder alle Spezies durch sind. Wer an einem Neurotransmitterrezeptor* arbeitet, läßt sich eher von seiner Frau als von seinem Rezeptor scheiden, auch wenn schon seit Jahren kein nennenswertes Paper das Labor mehr verlassen hat. Das Forschungsgebiet betrachtet der Professor als seine private Goldmine, die er mit Verbissenheit und Heimtücke beim Reviewen von Papern und Forschungsanträgen, auf Sitzungen und in Komitees gegen Eindringlinge verteidigt.

Das Ergebnis des Rennens zwischen zwei Arbeitsgruppen hängt meistens von der Lösung technischer Details ab. Sie sind die Domäne des Mannes am Labortisch. Sein Fleiß, seine Ideen und sein Durchhaltevermögen entscheiden. Ein guter Professor liefert die funktionierende Infrastruktur, schreibt Anträge und unterschreibt die Chemikalien- und Geräterechnungen. Seinen wissenschaftlichen Beitrag beschränkt er auf Ermunterung, Motivation und gelegentliche unverbindliche Diskussionen.

---

*   Erläuterungen Kapitel 8, Wörterbuch

Eine Ausnahme sind Labors, die ausschließlich molekularbiologische Techniken anwenden. Hier scheint sich eine straffe fabrikmäßige Organisation nach dem Fließbandprinzip zu bewähren, in der jeder Forscher nur bestimmte Arbeitsgänge ausführt, z.b. Filterziehen* oder Sequenzieren*. Der Chef, ein guter Organisator, koordiniert die Arbeitsgänge. Die Eigenart molekularbiologischen Arbeitens macht das möglich und effizient, jedenfalls für das Labor und den Professor. Der gewöhnliche Forscher in solchen Labors ist wenig mehr als ein Facharbeiter mit besonders guter Ausbildung und außergewöhnlich schlechter Bezahlung.

Sieger ist nicht, wer als erster das Ergebnis hat, sondern wer es zuerst veröffentlicht. Der erste heimst den Löwenanteil des wissenschaftlichen Ansehens ein. Die Zweitpublikation ist wenig wert, auch wenn sie völlig unabhängig erarbeitet wurde. Heiße Ergebnisse werden zu schnell publizierenden Zeitschriften (Veröffentlichung innerhalb von 1 bis 3 Monaten nach Einsendung) wie *Nature, FEBS Lett., BBRC* geschickt. Bei anderen, z.b. *EMBO J., J. biol. Chem.* oder *Brain Res.*, vergeht mindestens ein halbes Jahr von der Einsendung des Manuskripts bis zum gedruckten Erscheinen.

Der Zwang zur Erstpublikation bringt ein sportliches Element in die Labors. Nicht nur die soziale Unsicherheit zwingt den Postdok oder die Doktoranden dazu, bis in die Nacht und Wochenende für Wochenende im Labor zu schuften. Es treibt sie auch der Ehrgeiz, einen Konkurrenten zu schlagen und erster im Publikationsrennen zu werden.

Ist das Rennen gewonnen, kommt das erarbeitete Prestige nicht den Doktoranden und Postdoks, sondern dem Laborleiter zugute. Ein Beispiel ist die Stehelin-Affäre um den Nobelpreis für Physiologie und Medizin 1989. M. Bishop und H. Varmus erhielten den Preis für die Entdeckung der Onkogene. D. Stehelin, Bishops ehemaliger Postdok und Erstautor auf den entscheidenden vom Nobelkomitee zitierten Papers, wurde vom Preis ausgeschlossen.

Den Ehrgeiz vieler Forscher beeinträchtigt das nicht. Die Doktoranden bilden sich noch ein, für den eigenen Ruhm zu arbeiten. Abgebrühte Postdoks versuchen aus Sportgeist, ihren Konkurrenten zu schlagen, obwohl Preis und Prestige in dieser Disziplin nicht an den Sportler, sondern an den Vereinsvorsitzenden gehen. Es heißt dann: Im Labor von B hat man den G-Rezeptor kloniert, oder S hat den N-Kanal kloniert. Für Außenstehende haben die Laborleiter B und S die Großtat vollbracht.

Wie verteilt wird

Im Papyrus Sinuhe (Mittleres Reich) belehrt ein Vater seinen Sohn, daß nicht Bauer, Krieger oder Kaufmann, sondern der Schreiber die beste Stellung im Staate hat.

---

* Erläuterungen Kapitel 8, Wörterbuch

Handarbeit erniedrigt auch heute noch, und die alte Weisheit: "Verwalten ist einträglicher als arbeiten" gilt besonders streng in der akademischen Grundlagenforschung.

Die Verwalter der akademischen Forschung, die Professoren, erhalten die höheren Gehälter, die Dauerstellungen (wer schreibt, der bleibt) und den Löwenanteil des wissenschaftlichen Ansehens. Die Ergebnisse des Labors werden nicht dem Doktoranden oder Postdok gutgeschrieben, der sie erarbeitet hat und von dem Idee und experimenteller Ansatz stammen. Die Doktoranden und Postdoks gelten als bloße Ausführer der Ideen des Laborleiters sowie als Nutznießer seiner geistigen Führung und Strategie. Das hat wenig mit der Wirklichkeit, aber viel mit der Tatsache zu tun, daß der Laborleiter festangestellt ist und dauernd mit Labor und Thema verbunden bleibt. Seine Mitarbeiter müssen ständig wechseln, denn ihre Arbeitsverträge laufen nach 2 bis 3 Jahren aus. Wie die Pyramide nach der Fürstenmumie benannt wird - und nicht nach den wechselnden und meist unbekannten Baumeistern -, so gibt man aus Bequemlichkeit einem Labor und dem, was es entdeckt, den Namen des Laborleiters. Dazu kommt, daß dieser die Ergebnisse des Labors der Außenwelt kundtut. Er wird an andere Institute zum Reden eingeladen, er geht auf Kongresse. Zwar ist es Sitte, zum Abschluß des Vortrags ein Dia mit den Namen der Mitarbeiter zu zeigen. Doch der Zuhörer verbindet die Arbeiten mit dem Redner, den er sieht und hört, aber nicht mit einem Dutzend nichtssagender Namen, die 10 Sekunden einwirken. Dem gewöhnlichen Forscher fällt das Vorstellen und Vortragen schwer, denn erstens muß er arbeiten und zweitens eingeladen werden. Die Resultate kleben am Laborleiter wie das Etikett an der Flasche.

Die Doktoranden und vor allem die Postdoks murren, aber sie mucken nicht. Es gibt zu viele von Ihnen. Sie sind in einer schlechten Verhandlungsposition. Zudem kennen die Jüngeren die Spielregeln noch nicht, manche hoffen selbst einmal zu den Oberen zu gehören, und es gibt Ausweichmöglichkeiten in die Industrie. Dazu kommt die Eigenart der Forschungsarbeit, den ganzen Mann, Muskeln und Hirn, mit einer Ausschließlichkeit zu fordern, die für andere Belange wenig Platz läßt. Da der Professor von der eigentlichen Forschungsarbeit nichts mehr versteht, kann der Doktorand oder Postdok unabhängig arbeiten. Er genießt ein Maß an Freiheit sowohl in der Wahl der Arbeitszeit als auch in ihrer Planung, das in einer anderen unselbständigen Stellung nicht möglich wäre. Der Forscher kann sich völlig in ein Problem vertiefen, sich damit identifizieren. Er hat die Befriedigung, etwas aufgeklärt, das Gefühl, ein Stück eigene, bleibende Arbeit geleistet, eine Idee verwirklicht zu haben. Darüber ist am Anfang gerade den Besten ihre soziale Lage gleichgültig.

Die Einladung

Neben Vorträgen auf Kongressen hält der Forscher auch Vorträge an Instituten. Einladungen zu solchen Vorträgen kann jeder Laborleiter vergeben, der über

Fonds verfügt, aus denen er die Reise- und Unterhaltskosten des Eingeladenen bezahlen kann. Das Geld für diese Fonds stammt zum Teil aus offiziellen Quellen (DFG-Mittel), zum Teil aus inoffiziellen Zuwendungen der Industrie an den Laborleiter (sog. Reptilienfonds). Manchmal bezahlt der Laborleiter die Kosten der Einladung auch aus dem eigenen Geldbeutel. Eingeladen wird aus den verschiedensten Gründen: Um alte Freunde zu ehren, um mit dem Eingeladenen zusammenarbeiten zu können, um sich bei dem Eingeladenen beliebt zu machen oder um einen Mitarbeiter für das Labor anzuwerben. Manche Laborleiter glauben, ihr Prestige mit einer Vortragsreihe bekannter Redner fördern zu müssen, andere interessieren sich brennend für die Ergebnisse des Eingeladenen - oder besser die Ergebnisse aus dessen Labor. Letzteres ist selten, denn brennend interessiert sich ein Forscher nur für Ergebnisse aus dem eigenen Labor.

Das Besuchsritual beginnt mit einem Empfang beim Chef, der dem Eingeladenen in großen Zügen die Projekte und Ziele des Labors schildert. Danach macht er die Runde bei den wichtigsten Mitarbeitern, die ihm Details und Probleme ihrer Projekte schildern. Der Eingeladene lernt die Stimmung des Labors, die Schwierigkeiten der Projekte und methodische Tricks kennen, die nicht in den Papers stehen. Natürlich stört er auch und hält die Leute von der Arbeit ab, was den Gesprächen manchmal eine peinlich gezwungene Note gibt.

Nach dem Rundgang hält der Eingeladene seinen Diavortrag von 30-60 min Länge, an den sich eine Diskussion anschließt. Oft berührt die Zuhörer nicht, was der Vortragende zu sagen hat. Sie würden lieber arbeiten, als im Seminarraum stillsitzen und sich langweilen. Da die Untergebenen aber als Publikum gebraucht werden, treibt der Laborleiter seine Hammelherde trotzdem von der Arbeit weg zum Seminar. Dabei geht es ihm weniger um die Fortbildung als um die Peinlichkeit, den Vortragenden vor leeren Bänken reden zu sehen. So wird es erst hinterher unangenehm, wenn der Laborleiter nach seinem Dank an den Vortragenden (der Vortrag war interessant, ausführlich, tiefgreifend etc.) rhetorisch feststellt: Sicher gibt es viele Fragen (I am sure there are a lot of questions). Doch die Zuhörerschaft schweigt, und alle stehen bzw. sitzen minutenlang betreten herum, bis endlich der Laborleiter mit einem "Well, then I have a question of my own" die erlösende Pflichtfrage stellt, die der Redner ausgiebig beantwortet. Diese Zeit nutzen profilierungssüchtige Hörer, um sich eine eigene Frage auszudenken; andere versehen die Männchen, die sie während des Vortrags gemalt haben, mit einem Schlips, und der Rest meditiert über die Muster des Pullovers vom Vortragenden.

Die Unwilligkeit der Doktoranden und Postdoks, sich Seminare anzuhören, ist nicht berechtigt. Gerade langweilige Vorträge mit vielen unübersichtlichen Dias oder Vorträge, in denen der Zuhörer den Faden verloren hat, können in einen Trancezustand versetzen, in dem die einförmig plätschernde Stimme des Redners zu eigenen Gedankengängen anregt. Endlich hat man Muße, sich das Experiment, an dem man gerade arbeitet, in Ruhe durchzudenken.

Zu Institutsvorträgen werden auch Postdoks und Doktoranden eingeladen. Da sie häufig den Arbeitsplatz wechseln müssen, stellen sie sich auf diese Art bei in Frage kommenden Arbeitgebern vor. Der eingeladene Redner, auch ein Wissenschaftler von der geringen Sorte, bekommt seine Reise- und Aufenthaltskosten ersetzt - und abends wird er vom Laborleiter sowie einem oder zweien von dessen Mitarbeitern zum Essen ausgeführt.

3.5   Das Spielfeld

Das Labor

Morgens zwischen 8 und 9 Uhr, wenn andere Leute schon lange bei der Arbeit sind, radelt der Forscher ins Labor. Er fährt mit Rad oder Straßenbahn, weil er sich kein Auto leisten kann oder, um den Freunden seine Fortschrittlichkeit zu beweisen. Dazu hat er besonderen Grund, denn er beschäftigt sich mit Dingen wie Gentechnologie und Tierversuchen, die nicht auf der Hauptlinie alternativer Moral liegen. Während des Fahrens vergißt er den morgendlichen Streit mit seinem Konkubinatspartner um Geschirrspülen und Einkaufen und überlegt, wie er das Problem, an dem er gestern Nacht gescheitert ist, anpacken könnte. Dieses hat weder mit der Freundin noch mit den Grundfragen der Biologie zu tun: Letzere tauchen nur in Vor- und Anträgen der Professoren auf. Der gewöhnliche Forscher plagt sich mit den unangenehmen technischen Kleinigkeiten herum, an denen die Antworten auf die Grundfragen hängen, wie die Salzkonzentration im Puffer*, pH-Werte*, die richtigen Ionen*, Filtrationstechniken, Enzymaktivitäten usw. Im Labor angekommen, ist der Plan gereift; er wird auf einem Schmierzettel notiert und im Laufe des Experiments noch mehrmals umgeändert.

1m bis 2m Arbeitstisch, beschichtet mit Edelstahl oder grauem Plastik, nach vorn begrenzt durch ein Regal, das ist die *Bench*, das Königreich des gewöhnlichen Forschers. Unter dem Labortisch befinden sich Schubladen mit Plastikröhrchen verschiedenster Größen, gelben und blauen Spitzen für die Pipetten, eifersüchtig gehüteten Hamiltonspritzen*, Ständer für Röhrchen, Schläuche, Dichtungen, Filzschreiber und Müll. In der Nähe steht ein Kühlschrank, der überquillt mit Eppendorfcups, Reagenzienbehältern und Flaschen.

Weitverbreitete Geräte sind Zentrifugen* und Rotoren*. An den ersten übt der Forscher seine Geduld, an den zweiten die Armmuskulatur. Reichlich vertreten sind

---
*   Erläuterungen Kapitel 8, Wörterbuch

69

auch Vortexer zum Mischen von Lösungen sowie Wasserbäder aller Größen und Hitzegrade. Geprägt aber wird der Arbeitsplatz des deutschen Forschers durch eine gewisse Unordung und durch Flaschen. Große Flaschen, kleine Flaschen, Glasflaschen und Plastikflaschen, fast volle Flaschen und solche, die fast leer sind. Flaschen mit Deckel aus blauem Plastik oder schwarzem Bakelit. In der Regel ist sowohl Flasche wie Flüssigkeit farblos, aber es gibt auch exotische Exemplare mit blauem, rotem oder gelbem Inhalt. Alle Flaschen sind beschriftet mit Abkürzungen im Laborjargon, die für den Laien immer, für den Forscher erst nach einer gewissen Zeit unverständlich sind. Es ist ein wesentlicher Teil der Forschungsarbeit, der Flaschensammlung neue Mitglieder mit neuem Inhalt zuzufügen.

Auf dem Tisch und zwischen den Flaschen thront der unvermeidliche Eiskübel, ein Behälter, in dem empfindliche *Proben* ihrer Bestimmung harren und in dem sie von Ort zu Ort getragen werden. Viele Forscher haben einen Lieblingskübel, den sie mit sich herumtragen wie ältere Damen ihr Schoßhündchen. Den Kübel zärtlich unter den Arm geklemmt, huschen sie hastig durch die Gänge.

Eiskübel, Pipette und Flasche sind die heilige Dreieinigkeit des gewöhnlichen Bioforschers; sie gehören zu ihm wie Werkzeugkasten, Schraubenzieher und Ölkännchen zum Automechaniker.

Der Forscher setzt Lösungen verschiedener Salze oder Drogen in unterschiedlichen Konzentrationen an. Zwischendurch holt er sich aus der Kaffeemaschine einen Kaffee und im Kälteraum einen Schnupfen. An der Mikrowaage wiegt er Tausendstelgramm Substanzen ab, die in Puffern* aufgelöst werden. Der Puffer spielt in der Biochemie etwa die Rolle der Hose in der Männerbekleidung. Es gibt viele Variationen - doch ohne geht es nicht.

Oft muß der Forscher Plastikhandschuhe tragen, entweder um seine Hände vor giftigen oder radioaktiven Substanzen zu schützen, oder um empfindliche Substanzen und Geräte vor seinen Händen zu schützen. Die Handschuhe sind wasserundurchlässig, wodurch sich die Finger nach kurzer Zeit anfühlen wie aufgetaute Fische in Plastikfolie und auch so riechen. Mit seinem wichtigsten Werkzeug, der verstellbaren Pipette*, fängt er an, in kleine Plastikdöschen, *Eppendorfcups* umgangsprachlich "Eppendoofcups" genannt, noch kleinere Volumina an Lösungen einzugeben. Hier ein Tröpfchen von dieser, dort ein Tröpfchen von jener Brühe. Wichtig ist nur, zu jedem Zeitpunkt zu wissen, wo was drin ist. Dieser langweiligen, aber Konzentration erfordernden Beschäftigung geht der Forscher nach, bis der *Ansatz* fertig ist und z.B. mit einer radioaktiven Substanz *inkubiert* werden kann. Inkubieren ist ein vornehmes Wort für herumstehen lassen. Oft geschieht das im sogenannten C-Labor, einem ungemütlichen Ort, in dem mit hohen Dosen Radioaktivität gearbeitet wird. C-Labors zeichnen sich durch drangvolle Enge, her-

---

*   Erläuterungen Kapitel 8, Wörterbuch

umstehende, immer volle Kübel mit radioaktiven Abfällen, handgeschriebene Ermahnungen zu Sauberkeit und Ordnung sowie einen Strahlenpegel aus, der den Forscher zu eiligstem Arbeiten treibt.

Das Inkubieren benutzt der Forscher zum Mittagessen. Zum Mittagessen, dem gesellschaftlichen Ereignis des Tages, gehen die Forscher rudelweise, wobei die Zusammensetzung der Rudel die Freundschaftsbeziehungen im Labor widerspiegelt. Ist der Professor beim Essen dabei, wird über wissenschaftliche Probleme gesprochen, ist er nicht dabei, wird über den Professor geredet. Ein häufiges Thema sind auch die (abwesenden) Kollegen.

Nach dem Essen wird weiter pipettiert, homogenisiert*, extrahiert*, solubilisiert, präpariert*, fraktioniert*, dekantiert* oder chromatographiert*. Hinter diesen eindrucksvollen Worten stehen einfache Handgriffe, die selten komplizierter sind als das Kochen eines weichen Eies und nur durch das Wissen um die richtige Abfolge, Menge, Zeit und das exotische Material zur Wissenschaft werden. So liegt der wesentliche Unterschied zwischen dem Homogenisieren eines Rattenhirns und der Herstellung von Rübensaft im Geschmack des Produkts. Gern fährt der Forscher seine Proben auch auf einem SDS-Gel*, oder er filtert sie über vorgefertigte Filter ab; alles Tätigkeiten, die Konzentration, Geschicklichkeit und keinerlei höhere geistige Fähigkeiten erfordern. Im Hintergrund plärrt das Radio (beliebtester Sender: SWF 3), gelegentlich unterbrochen durch das Aufjaulen des Polytrons, des Gewebezerkleinerers. Zwei Kollegen kriegen sich in die Haare, weil der eine mit stinkendem Mercaptoethanol auf seiner *Bench* arbeitet, anstatt damit unter den Abzug zu gehen. Dankbar über die Abwechslung mischt sich auch unser Forscher in den Streit.

Endlich sind die Filter fertig. Sie werden mit Scintillator* versetzt und in den Counter* gesteckt. Nach einer kleinen Auseinandersetzung mit dem Kollegen, der auch zählen will, kommen die Ergebnisse, Zahlen, die nur dem Forscher etwas sagen - meistens etwas Schlechtes. Trotzdem starrt er jedesmal so gespannt auf den Bildschirm der Zählmaschine, als würden dort die Kurse seiner Aktien durchgegeben.

Das Auswerten der Zahlenreihen sind die 20 bis 30 min des Tages, wo er, neben dem morgendlichen Entwurf des Experiments, geistig gefordert ist. In 19 von 20 Fällen hat das Experiment nicht geklappt und, schlimmer, der Forscher weiß nicht warum. Also wird es, leicht verändert, mit ein paar zusätzlichen Kontrollexperimenten wiederholt. Zwischendurch trägt der Forscher die Ergebnisse und das Versuchsprotokoll in sein Laborbuch ein. Gegen 10 Uhr nachts ist die Sache dann klar: Der Ansatz läuft nicht. In einer Stimmung so schwarz wie das durchgebrannte Birnchen seines Rücklichts radelt der Forscher heim und wälzt dabei die Ergebnisse und die Vielfalt ihrer Erklärungen durch die Gehirnwindungen. Ein neues Experiment fällt ihm ein, das er unbedingt noch probieren muß.

---

*   Erläuterungen Kapitel 8, Wörterbuch

71

Auf der Spüle steht ein Berg von ungewaschenem Geschirr, stinkende Socken liegen schon wochenlang auf dem Boden, der Konkubinatspartner ist verschwunden. Den Forscher ficht das nicht an, begeistert entwirft er Experimente, liest Papers oder schreibt welche. Gegen 1 Uhr morgens entschlummert er zu lebhaften Träumen. Je nach Gemütslage handeln sie entweder von glänzenden Ehrungen oder von mühseligen Meßreihen unter der Fuchtel großer Professoren.

Die Deutsche Forschungsgemeinschaft (DFG)

Die Deutsche Forschungsgemeinschaft (DFG) ist ein Verein. Mitglieder dieses Vereins sind alle deutschen Universitäten und Großforschungseinrichtungen, die Max-Planck-Gesellschaft, wissenschaftliche Akademien und ein paar wissenschaftliche Verbände. Der Verein hat folgenden Zweck (§1 der Satzung der DFG):

Die DFG dient der Wissenschaft in allen ihren Zweigen durch die finanzielle Unterstützung von Forschungsaufgaben und durch die Förderung der Zusammenarbeit unter den Forschern. Sie berät Parlamente und Behörden in wissenschaftlichen Fragen und pflegt die Verbindungen der Forschung zur Wirtschaft und zur ausländischen Wissenschaft. Der Förderung und Ausbildung des wissenschaftlichen Nachwuchses gilt ihre besondere Aufmerksamkeit.

Die wesentliche Aussage dieser Sätze ist, daß die DFG für Forschung zahlt. Dementsprechend ist das wichtigste an der DFG ihr Budget. Im Jahre 1988 betrug es 1123 Millionen DM, die zu 99% aus Steuergeldern finanziert wurden. Das sind etwa 2 DM je Bundesbürger pro Monat. Wem das viel vorkommt, der möge bedenken, daß der deutsche Anteil an der Subvention des EG Butterbergs um ein Vielfaches höher ist.

Die DFG ist theoretisch eine demokratische Institution. Praktisch werden die Entscheidungen von ein paar einflußreichen Wissenschaftlern (Magnaten) gefällt, die die Gremien beherrschen. Der Rest der DFG ist dazu da, die Entscheidungen durch einen umständlichen und langwierigen Dienstweg zu legitimieren. Die wichtigsten Gremien der DFG sind das Präsidium, das Kuratorium, die Mitgliederversammlung, der Senat, der Hauptausschuß und die Fachausschüsse.

Das Präsidium besteht aus dem Präsidenten und mehreren Vizepräsidenten. Hauptaufgabe des Präsidiums ist die Repräsentation.

Das Kuratorium, der Rechnungshof der DFG, stellt den Wirtschaftsplan fest und bestellt den Generalsekretär. Es besteht aus den Mitgliedern des Senats, 6 Vertretern der Bundesregierung, 11 Vertretern der Bundesländer und 5 Vertretern des Stifterverbandes für die deutsche Wissenschaft.

Die Mitgliederversammlung bestimmt die Richtlinien der Arbeit der DFG, wählt Präsidium und Senat und bestätigt die Fachausschüsse. Sie besteht aus je einem Vertreter der Mitglieder und tritt einmal jährlich zusammen.

Der Senat ist das wissenschaftspolitische Gremium der DFG. Was ist ein wissenschaftspolitisches Gremium? Das ist mir auch nach längerem Studium DFG eigener Veröffentlichungen nicht klar geworden. Wer mit großvolumigen Worthülsen wie: gemeinsame Anliegen der Forschung, Zusammenarbeit fördern, Stellungnahmen abgeben, Interessen der deutschen Forschung wahrnehmen etwas anfangen kann, sei damit bedient. Eine handfeste Arbeitsbeschreibung habe ich nicht gefunden. Vielleicht ist der Senat der Acker, auf dem die dicken Kartoffeln wachsen. Fest steht, daß der Senat aus 33 wissenschaftlichen Mitgliedern besteht, die (von der Mitgliederversammlung) auf 3 Jahre gewählt werden.

Im Hauptausschuß fallen die finanziellen Entscheidungen. Der Hauptausschuß hat 29 Mitglieder, davon sind 15 aus der Wissenschaft, nämlich aus dem Senat, und 14 von den Geldgebern (6 vom Bund, 6 von den Ländern und 2 vom Stifterverband der deutschen Wissenschaft). Es mag der DFG an Geld mangeln, an Gremien mangelt es ihr nicht. Ihre Vorbesprechungen, Teilsitzungen, Hauptsitzungen, Umläufe, Denkschriften und Ausschüsse gedeihen und vermehren sich wie Bakterien in der Nährbrühe. Die Verwaltungsausgaben der DFG betrugen 1988 37.4 Millionen Mark.

Alle wichtigen Gremien der DFG sind von Wissenschaftlern der Oberschicht besetzt: Die Mitglieder des Senats und damit auch die wissenschaftlichen Mitglieder des Hauptausschusses sind durchweg Professoren. Nur diese scheinen genug überflüssige Zeit zu haben, um sie in Gremien totzuschlagen. Die Fachgutachter werden zwar alle 4 Jahre in geheimer Wahl von den seit mindestens 3 Jahren promovierten und aktiv tätigen Wissenschaftlern gewählt, da aber das Vorschlagsrecht bei den wissenschaftlichen Fachgesellschaften liegt und diese nur Professoren vorschlagen, handelt es sich dabei um Ostblockwahlen: Nur die Nomenklatura steht zur Auswahl. Die Doktoranden und Postdoks, die die wirkliche Wissenschaft betreiben, haben keinen Einfluß auf die Verteilung der Mittel.

Der Kongreß

Der wissenschaftliche Kongreß dient der Diskussion und Verbreitung neuer Erkenntnisse. Er fördert den Kontakt und die Zusammenarbeit zwischen einzelnen Labors und damit den Fortschritt der Wissenschaft. So oder ähnlich wird das Abhalten von Kongressen begründet. Ob es stimmt, daß Kongresse den wissenschaftlichen Fortschritt fördern, ist wissenschaftlich noch nicht bewiesen. Sicher aber fördern Kongresse den sozialen Fortschritt und das seelische Wohlbefinden mancher Teilnehmer. Kongresse geben Gelegenheit, einflußreiche Leute zu treffen, man wird gesehen, erfährt den neuesten Klatsch und gibt ihn weiter. Kongresse verhindern, daß es den Wissenschaftsmanagern langweilig wird, füllen ihren Terminkalender und geben ihnen das Gefühl, begehrt zu sein. Damit erhöhen sie das Selbstbewußtsein unserer wissenschaftlichen Elite und stabilisieren ihr inneres Gleichgewicht. Die Wichtigkeit der wissenschaftlichen Gesichtspunkte ist, verglichen mit den gesellschaftlichen, von Kongreß zu Kongreß verschieden. Deutsche Kongresse sind immer ein gesellschaftliches Ereignis, ihr wissenschaftlicher Wert dagegen ist manchmal zweifelhaft. Der Nutzen eines mehrstündigen Bibliotheksaufenthaltes kann größer sein als der eines mehrtägigen Kongresses.

Eine seltsame Diskrepanz herrscht zwischen den Orten, wo geforscht wird, und denen, wo getagt wird. Die ersteren liegen in regnerisch-trüben Ländern wie Deutschland, England und Schweden, die letzteren haben einen sonnig-exotischen Klang wie Rom, Athen oder gar Peking. Zwar ist Kongreßplanung nicht nur für Professoren auch Urlaubsplanung, aber nur diese können Kongresse zur Lebensform erheben. Es gilt die Faustregel: Je exotischer der Kongreßort, desto mehr Lehrstuhlinhaber nehmen daran teil.

Es gibt zwei Sorten von Kongreßteilnehmern: Die Redner und die Zuhörer. Die höherstehenden Spezies sind die Redner, denn ihre Vorträge und Namen werden im Kongreßprogramm, auf Plakaten und in den Veröffentlichungen über den Kongreß erwähnt. Der Redner gewinnt an Bekanntheit und Ansehen. Redner wird man durch Einladung. Die Einladungen vergeben die Organisatoren des Kongresses - durchweg Oberwissenschaftler. Daher kommt es, daß die meisten Kongreßredner auch zu dieser Klasse gehören. Ausnahmen sind unwichtige oder unbeliebte Kongresse. Bei denen gibt es das Stellvertreterphänomen, d.h., die eingeladenen Laborleiter drücken sich und schicken ihre Assistenten zum Vortrag.

Der typische Vortrag ist ein Diavortrag von 20 bis 60 min Länge. Im Gegensatz zur Rede des Politikers oder Pfarrers wird er frei gehalten und nicht abgelesen. Dieser schöne Zug hat seine Ursache darin, daß der wissenschaftliche Redner über Jahre hinweg den gleichen, immer nur leicht veränderten Vortrag hält. Er spricht ja immer über die gleichen Forschungsprojekte, die, zumal in deutschen Labors, nur langsam Fortschritte machen. Nach dem Vortrag gibt es eine freie Diskussion, in der auch unangenehme Fragen gestellt werden dürfen.

Die zweite Art von Kongreßteilnehmern, die Zuhörer, setzt sich zusammen aus Rednern, die gerade nicht reden, und den geringeren Wissenschaftlern, die nicht zum Reden eingeladen wurden. Die letzeren haben ein Poster. Ein Poster ist ein Plakat, auf dem der Postermann seine Ergebnisse mit Hilfe von Fotos, Tabellen und Figuren darstellt. Das Poster hat eine Überschrift und eine begrenzte Fläche, ansonsten ist seine Form frei und dementsprechend vielfältig. Zu bestimmten

Zeiten, den Postersitzungen, stellt sich der Postermann vor sein Werk und erklärt den Interessenten seine Ergebnisse. Wie auf einem Jahrmarkt geht es auf den Postersitzungen großer Kongresse zu, mit ihren Hunderten von Postern und dem Gewusel der Wissenschaftler.

Ein Redner leidet wenig unter dem Desinteresse seiner Zuhörer, da, vor allem bei kleineren Kongressen, nur wenige Zuhörer die Zivilcourage und Energie aufbringen, einem langweiligen Vortrag den Rücken zu kehren. Zudem werben Redner nacheinander, Postermänner aber gleichzeitig um die Gunst der Kongreßteilnehmer. Bei dem einen sitzt man gemütlich schweigend im Dunkeln, bei dem anderen muß man stehen und kluge Fragen stellen. Für das Letztere ist es natürlich unerläßlich, das Poster auch wirklich zu lesen. Dem Postermann wird daher die Bedeutungslosigkeit seiner Arbeiten drastisch vor Augen geführt. Peinlich, das lange Gesicht und der verlegene Blick eines Postermannes, der für alle sichtbar, einsam und ohne Interessenten vor seinem Poster stehen muß. Kein Wunder, daß Professoren selten ein Poster präsentieren.

Die Teilnehmerzahlen von Kongressen schwanken zwischen weniger als Hundert bis zu über Zehntausend (z.B. der Neuroscience Kongreß in USA). Manche Kongresse finden regelmäßig, meist jährlich statt, andere sind einmalig.

Ein Kongreß entsteht, wenn ein oder mehrere Oberwissenschaftler beschließen, einen Kongreß zu veranstalten. Offizielle Gründe dafür gibt es nahezu so viele wie es jährlich Kongresse gibt. Die inoffiziellen Gründe sind weniger vielfältig, dafür aber von größerer Triebkraft. Es sind Bedarf an Prestige, Profil, Publizität, das Bedürfnis, bei den Kollegen für gute Stimmung zu sorgen, schlichte Langeweile oder das schlechte Gewissen, immer nur eingeladen worden zu sein und nie eingeladen zu haben. Der letzte Grund sorgt für die Eigendynamik des Kongreßwesens.

Am Anfang steht das Organisationskomitee. Es verschickt Ankündigungs- und Einladungsbriefe an die erwählten Redner. Diese sind, neben Freunden und Bekannten, einflußreiche und bekannte Wissenschaftler, deren Namen und Anwesenheit dem Kongreß Weihe und Bedeutung geben sollen. Wichtige Redner werden oft noch aufgefordert, 3 bis 4 andere Redner vorzuschlagen. Das gibt Ihnen die Möglichkeit, alte Schulden abzuzahlen, verdiente Mitarbeiter zu belohnen und Einfluß auszuüben.

Die vornehmste Aufgabe des Organisationskomitees ist es, Geld aufzutreiben. Die Teilnahmegebühren, obwohl oft saftig, reichen zur Finanzierung nicht aus, weil u.a. die eingeladenen Redner davon befreit sind. Es müssen verschiedene Organisationen, die DFG, Stiftungen, Firmen und die Stadtverwaltung um Geld angegangen werden. Vom Erfolg dieser Bettelaktion, der bei Naturwissenschaftlern meist mäßig ist, hängt der Glanz des Kongresses und die Reichhaltigkeit des Festessens ab.

Das Komitee stellt schließlich ein Programm auf und läßt es drucken, Plakate werden entworfen und an die Institute verschickt, ein Saal wird angemietet sowie Hotelzimmer reserviert. Zu niederen Dienstleistungen, wie Kaffee kochen, Dias schieben, Empfang, Taxidienst, Bürokratie, werden entsprechend niedere Wissenschaftler aus den Labors der Mitglieder des Organisationskomitees herangezogen. Leider gibt der Kongreß nur den Mitgliedern des Organisationskomitees einen Prestigezuwachs, für deren Mitarbeiter ist er verlorene Zeit.

Abends, nach den Vorträgen, können die Forscher immer noch nicht voneinander lassen. In kleineren und größeren Gruppen streifen sie durch die Stadt und versuchen, lustig zu sein. Das gelingt ihnen selten, denn ein richtiger Forscher findet es nur im Labor lustig. In der Regel endet der Ausflug in einer billigen Kneipe, weil die Doktoranden und Postdoks wenig Geld verdienen und in der Mehrheit sind. Dort werden ein oder zwei Bier getrunken und über die miesen Aussichten oder abwesende Kollegen hergezogen. So gegen 11 Uhr gehts dann ins Hotel oder zu Bekannten zum Schlafen. Besäufnisse kommen selten vor. Der deutsche Forscher lebt mäßig.

Die Kongreßkosten

Die Kongreßkosten setzen sich zusammen aus Reise- und Hotelkosten der eingeladenen Redner und, immer seltener, den Rednerhonoraren. Dazu kommen die Saalmiete, Druckkosten für Programme und Abstractbücher und der Aufwand für die Verpflegung der Teilnehmer. Auf der Habenseite stehen die Teilnahmegebühren, die kostenlose Arbeit der Mitarbeiter der Organisatoren des Kongresses und Spenden. Das ist die Rechnung der Organisatoren des Kongresses. Volkswirtschaftlich gesehen kostet der Kongreß mehr.

Die nicht eingeladenen Teilnehmer bekommen ihre Reise- und Unterhaltskosten sowie die Kongreßgebühren meistens ebenfalls von der DFG oder auch von ihren Heimatinstituten ersetzt. Bei einem durchschnittlichen Kongreß von 300 Teilnehmern und drei Tagen Dauer kommen allein an Reise- und Unterhaltskosten leicht eine halbe Million Mark zusammen; den Zeitaufwand der Teilnehmer für An- und Abreise sowie Vorbereitung nicht mitgerechnet. 1988 genehmigte die DFG 4261 Reiseanträge im Gesamtwert von 8,3 Millionen DM. Für dieses Geld könnte man mehrere kleine Labors aufbauen und jahrelang unterhalten.

Der DFG-Antrag

Jeder promovierte deutsche Wissenschaftler kann bei der DFG einen Antrag auf Forschungsförderung stellen. Voraussetzung ist, daß dem Antragsteller ein eingerichtetes Labor zur Verfügung steht. Zudem muß er eine nicht von der DFG bezahlte Stelle innehaben. Der Wissenschaftler kann kein Labor, keine Grundausstattung und kein eigenes Gehalt beantragen. Die DFG gibt nur dem, der schon hat. Der DFG-Antrag ist kein Mittel für Postdoks, sich selbständig zu machen, sondern er ist der Hebel, mit dem die Professoren ihr Labor vergrößern.

Beantragt werden kann Geld für neue Vorhaben, die Gehälter der dazu notwendigen Leute und die entsprechenden Chemikalien sowie Geräte. Das eine sind Personalmittel, das andere Sachmittel. Beide müssen genau aufgelistet und begründet werden. Es ist nicht erlaubt, Sachmittel für Personal auszugeben oder umgekehrt. Der Antragsteller muß also die Entwicklung seines Projektes voraussehen, es werden ihm prophetische Fähigkeiten zugemutet. Auf den Lohn seiner Leute hat er keinen Einfluß: Jeder wird über den gleichen Kamm geschoren. Das DFG-Einheitsdoktorandensalär ist so unverrückbar wie die Sequenz* des Hämoglobins. Der Doktorand kann die Welt aus den Angeln heben, auf seinem Bankkonto rührt sich deswegen nichts.

Im sogenannten Normalverfahren schickt der Forscher seinen Antrag an die Geschäftsstelle. Diese gibt den Antrag weiter an zwei Gutachter, die eine Expertise über die wissenschaftliche Qualität des Vorhabens erstellen. Dann geht der Antrag an den Vorsitzenden des Fachausschusses, der ein schriftliches Votum abgibt. Die Akte wandert zurück an die Geschäftsstelle und macht sich von dort auf die Reise zum Hauptausschuß. Da fällt endlich die Entscheidung. Danach geht es zur abschließenden Bearbeitung wieder zur Geschäftsstelle zurück. Die Prozedur kann bis zu 12 Monate dauern, den Aufwand des Antragstellers, der Wochen an dem Antrag schreibt, nicht gerechnet. Jährlich werden nach diesem Verfahren etwa 5000 Anträge bearbeitet; jeder beschäftigt über ein halbes Dutzend Personen. Das Heer der Gutachter ist ca. 500 Wissenschaftler groß, und die Menge der Angestellten in der DFG-Geschäftsstelle ist nicht kleiner. Gott sei Dank sind sie für ihre schwierige Arbeit mit Dauerstellen ausgestattet.

Kurioserweise fehlt dem DFG-Antragssystem trotz seiner eingebauten Sicherungen, seinem kleinlichen Mißtrauen und seiner Zeitverschwendung das wichtigste: die Erfolgskontrolle. Die DFG verlangt zwar Arbeitsberichte und einen Endbericht, diese bleiben aber ohne Konsequenzen, d.h., ein Wissenschaftler, der mit dem erhaltenen Geld nichts oder wenig produzierte, muß nicht fürchten, abgesägt zu werden. Er kann jederzeit wieder einen neuen Antrag stellen. Die Gutachter prüfen nur den jeweils vorliegenden Antrag, der Erfolg des früheren Projektes spielt bei der Beurteilung des nächsten Antrags keine Rolle. Dementsprechend wurde früher auch fast jeder Antrag genehmigt. Lediglich die Finanznot zwingt seit einigen Jahren dazu, einen Teil der Anträge abzulehnen. 1989 waren das etwa

---
*   Erläuterungen Kapitel 8, Wörterbuch

ein Drittel. In USA dagegen verwirft das National Institute of Health (NIH) zwei Drittel der Anträge, von neuen Anträgen sogar 88%. Die DFG prüft letztendlich, ob der Antragssteller gute Anträge schreiben kann, wobei gute Anträge Gewicht (in Pfund) haben, nicht durch exzentrische Ideen auffallen und in gutem Antragsdeutsch geschrieben sind. Sie ist wie ein Mann, der sich sein Restaurant nach der Schönheit der Speisekarte aussucht.

Die DFG scheint zu glauben, daß ein Formulierungskünstler auch ein begabter Experimentator oder fähiger Labormanager ist. Es kommt aber nicht darauf an, was der Antragsteller schreibt, sondern was er durchsetzen kann. Diese Fähigkeit offenbart sich nicht durch die Masse oder Formvollendetheit eines Antrags, sondern wird nur an den veröffentlichten Papers sichtbar. Ein Antrag ist so unnötig wie ein Kropf. Warum nicht dem Wissenschaftler das Geld ohne Trara geben und ihn damit machen lassen, was er will? Er muß nur erfolgreich sein, d.h. er muß während der Antragsperiode gute Papers veröffentlichen, und das sollte am Ende kontrolliert werden. Dieses Verfahren würde den Verwaltungsaufwand auf ein Minimum reduzieren. Die teure Gschaftlhuberei des Antragswesens, Antragsprüfungswesens und Antragsprüfungsreisewesens, der ganze, ebenso verschwenderische wie verdeckte Leerlauf würden wegfallen. Der Wissenschaftler wäre motiviert zu tun, wofür er bezahlt wird: neue Erkenntnisse zu veröffentlichen. Ausgefallene und ungewöhnliche Experimente hätten eine Chance, denn der Forscher müßte keinen Beamten und keinen Gutachter fürchten, sondern nur die Erfolglosigkeit. Die aber ist unparteiisch. Das jetzige System, bei dem die Veröffentlichungen keine Rolle spielen, fördert die Schleimer und Schaumschläger, die Windmacher und Wetterfähnchen.

Postdoks, die nicht von der DFG bezahlt werden, können DFG-Anträge stellen. Die meisten tun das auch weil a) ein eigener Antrag ihr Prestige im Labor erhöht, b) sie der Laborleiter dazu drängt. Er drängt, weil der Antrag zusätzliche Mitarbeiter einbringt, die sein Labor, den Paperausstoß und damit sein Ansehen vergrößern; auf den Papers der neuen Doktoranden steht des Laborleiters Name in der Seniorautorposition.

Die Postdoks kostet ein Antrag Mühe und Schweiß. Sie müssen ihn nicht nur schreiben, sie haben auch die neu eingestellten Mitarbeiter einzuweisen und auszubilden. Ihr Nutzen, die Coautorschaft auf den Papern der Doktoranden, ist ein zweifelhafter Segen. Selbst wenn ihnen der Laborleiter die Seniorautorschaft zugesteht, bis ein in ein Gebiet neu eingeführter Doktorand anfängt Ergebnisse zu veröffentlichen, können Jahre vergehen. Bis dahin muß der Postdok oft schon das Labor wechseln, er ist dem Laborleiter aus den Augen und damit aus dem Sinn. Der Doktorand bleibt, denn er bekommt seinen Titel nur über den Professor. Der Doktorand hat ein Interesse daran, daß die Autorenliste seiner Papers möglichst kurz wird, und der Laborleiter ein Interesse daran, ihn zu motivieren. Das Ergebnis ist, daß der Postdok aus der Autorenliste verschwindet und die

Früchte seines Arbeitseinsatzes verliert. Rechtliche Ansprüche hat er nicht, die Veröffentlichungen des Doktoranden laufen vollständig auf das Konto des Laborleiters. Postdoks mit DFG-Anträgen sind Strohmänner, die Einfluß und Ansehen der Laborleiter vergrößern.

So schlecht das DFG-Verfahren ist, in Deutschland ist es das beste. Bei der DFG findet über den Antrag und die Zwischenberichte wenigstens eine Art Kontrolle statt. Die Universitäten schlucken ein Vielfaches der DFG-Mittel (1985 waren es 7,2 Milliarden DM für die Universitäten gegenüber 965 Millionen DM für die DFG), die Max-Planck-Gesellschaft etwa gleich viel ohne auch nur die Spur einer Rückkopplung zwischen Zahlung und Erfolg.

Der Drang zur Größe

Die Stellung des Professors gleicht der eines mittelalterlichen Landesfürsten. Die Zentralgewalt über ihm ist schwach, und die Untertanen arbeiten zur Mehrung seines Glanzes und seiner Größe. Die Größe eines Professors aber, das ist der deutschen Forschung eigentümlich, liegt weniger in der Leistung seines Labors als in der Anzahl seiner Mitarbeiter. In deren Zunahme setzt der Professor daher seinen Ehrgeiz und den Großteil seiner geistigen Fähigkeiten. Nur der Neid der Kollegen hält dieses Streben im Zaum.

Durch die anschwellende Zahl der Mitarbeiter geht der Zusammenhalt der unteren Forscher verloren. Um ältere Postdoks mit politischem Ehrgeiz bilden sich Gruppen, die sich mit der Zwangsläufigkeit stochastischer Prozesse verfeinden, gegeneinander arbeiten und ihre Zeit mit Intrigen verbringen. Die Gräben laufen oft entlang der methodischen Grenzen, z.B. zwischen Proteinbiochemikern und Molekularbiologen, im Laborjargon Mollis genannt. Jeder Professor bemüht sich nämlich, möglichst autark zu sein und soviel Techniken wie möglich im eigenen Labor zu vereinen, um nicht auf eine Zusammenarbeit mit den eigensüchtigen und böswilligen Kollegen angewiesen zu sein.

Die Verwaltung des Labors wird bürokratischer und steifer, das Bestellwesen umständlicher, die Seminare häufiger. Ein Sitzungs- und Komiteewesen blüht, auf dem die einen gehaltlose Buchstabensuppen kochen, während die anderen das Malen künstlerischer Phantasiefiguren üben.

Engpässe bei Zentrifugen*, Countern* und Elektrophoreseapparaturen* treten auf. Immer öfter werden Arbeitstische kontaminiert*, die Rotoren* der Zentrifugen verdreckt und die Abzüge als Müllhalden mißbraucht. Dem durchschnittlichen Professor, der in Menschenführung und Organisation genausowenig ausgebildet ist

---

*   Erläuterungen Kapitel 8, Wörterbuch

wie in Pädagogik, geht der Überblick verloren. Fremd mit den täglichen Arbeitsabläufen, rettet er sich in allgemeine Appelle, die von der Laborgemeinschaft schweigend angehört werden, um hinterher in stundenlange gegenseitige Beschuldigungen auszubrechen. Um den Tätern ihr Tun nachweisen zu können, drängen die bürokratischen Seelen des Labors auf die Einführung von Reservierungslisten und Benutzerbüchern. Den einzelnen Forschern werden Jobs zugewiesen wie das Versorgen der Radioaktivitätsabfälle, das Chemikalienlager, die Bestellung von Plastikwaren etc. Damit wird der Kugelschreiber für die Experimente genauso wichtig wie die Pipette, denn der Forscher ist dauernd am Eintragen, Austragen und Überprüfen der Einträge. Zu der Suche nach Verschmutzern kommt jetzt noch die Suche nach denjenigen, die sich nicht eintragen; eine Suche, die entweder ins Nichts oder in einen handfesten Streit führt. Stiller Ärger macht sich breit wie Ätherdampf, gelegentlich zu Explosionen Anlaß gebend.

So nimmt die Leistung eines Labors, d.h. der Paperausstoß pro Mann, mit der Größe des Labors ab. Es gibt Ausnahmen. Aus eigener Anschauung kenne ich ein (ausländisches) Labor, das mehr als 15 Personen umfaßt und trotzdem gut arbeitet. Immer aber vernichten oder verhindern große Labors unabhängige Stellen und damit neue Ideen sowie neue Ansätze. Eine Gruppengröße von 3 bis 6 Mann, Techniker mitgezählt, scheint am leistungsfähigsten zu sein. Ein richtiger Professor aber hat selten unter 20 Mitarbeiter.

Bemerkungen eines Wissenschaftsfunktionärs

Ungeachtet der negativen Kommentare dieses Buches muß festgestellt werden, daß die deutsche Wissenschaftslandschaft in Kooperation mit der internationalen Kommunität wesentliche positive Beiträge zur Spitzenforschung erarbeitet hat und noch erarbeiten wird. Zweifellos aber, und da ist ein Grundkonsens vorhanden, ist der wissenschaftliche Prozeß gerade in seiner sozialen Komponente komplex und bedarf noch sachrationaler Überlegungen sowie Qualifizierungsbrücken. Doch ein umfassender Dialog der Betroffenen und eine Optimierung durch Selektion und Kompensation wird wissenschaftspolitische Spitzenleistungen ermöglichen, die wichtige und drängende Zukunftsfragen von überragender Bedeutung unter den positiv selektierten Rahmenbedingungen einer verantworteten Wissenschaft lösen werden. Gerade der bedeutende, hochqualifizierte Forscher braucht einen maximalen Grundnonsens, um die sozialen Ressourcen der Gesellschaft, das Potential an kreativer, geistiger Kraft autonom expropriieren zu können.

4. DIE DEUTSCHE FORSCHUNG, EIN VERGLEICH.

4.1 Wie mißt man Forschungsqualität?

Das Produkt der akademischen naturwissenschaftlichen Forschung sind wissenschaftliche Originalarbeiten (Papers). Die wissenschaftliche Produktion eines Landes ist damit die Anzahl der Papers, die seine Wissenschaftler veröffentlichen. Da ein gutes Paper zehn schlechte aufwiegen kann, ist für den Vergleich der wissenschaftlichen Produktion verschiedener Länder ein Qualitätsmaß für die Papers notwendig.

Bisher hat es niemand für nötig gehalten, die Qualität der deutschen Forschung zu messen. Das ist erstaunlich, denn schließlich ist die akademische Grundlagenforschung eine "Industrie" mit einem Jahresumsatz von mehreren Milliarden Mark. Während aber jede mickrige Firma die Menge und Güte ihrer hergestellten Waren prüft, scheint dem Geldgeber der deutschen Wissenschaftsindustrie, dem Steuerzahler, Anzahl und Qualität der Papers gleichgültig zu sein. Zur Arbeit in seinen Forschungsinstituten beweist er eine ähnliche Einstellung wie zur Arbeitstherapie in seinen psychiatrischen Heilkliniken: Hauptsache, die Patienten werden beschäftigt, was dabei herauskommt, ist zweitrangig. Dabei wäre es gar nicht so schwierig, eine Produktkontrolle auch in der Forschung durchzuführen.

Die wissenschaftliche Qualität eines Papers hat nichts mit dem wirtschaftlichen Nutzen, den es abwirft, zu tun. Auch gute Papers sind selten kommerziell verwertbar. Ein gutes Paper enthält neues, unerwartetes (Information ist *Abweichung* von der Erwartung) und überprüfbares Wissen. In schlechten Papers werden z.B. längstveröffentlichte Experimente leicht verändert wiederholt oder Daten, die vom Kaninchen bekannt sind, noch einmal an der Ratte bestimmt.

Wie mißt man "Neu, Unerwartet" in Zahlen? Mit Papers ist es wie mit Frauen. Sie sind ersichtlich schön, hübsch oder häßlich, aber diesen Zustand in Zahlen auszudrücken ist schwierig. Busen- und Taillenumfang sind, wie die Zitierungsanzahl, Anhaltspunkte, entscheidend sind sie nicht. Bei Schönheitswettbewerben gibt es deswegen Preisrichter, bei Papers das Urteil der anderen Wissenschaftler.

81

Dieses Urteil äußert sich in der Zeitschrift, in der das Paper erscheint. Eine Möglichkeit, die Qualität der wissenschaftlichen Produktion zu messen, wäre also, den Zeitschriften Noten für die durchschnittliche Qualität ihrer Papers zu geben. Die Noten orientieren sich am Wirkungsfaktor, an der Ablehnungsrate oder werden durch eine Umfrage festgelegt. Zwar sind nicht alle Artikel einer Zeitschrift von gleicher Qualität, es kommt vor, daß ein gutes Paper in einer schlechten Zeitschrift erscheint oder umgekehrt. Für die Ermittlung der Durchschnittsnote für die wissenschaftliche Produktion eines Landes spielt das keine Rolle. Bei der großen Zahl der Papers und Zeitschriften mittelt sich der Fehler aus.

Das Qualitätsmaß ergäbe sich durch folgende Rechung: Die Anzahl der Papers, die in einem vorgesehenen Zeitraum in einer bestimmten Zeitschrift veröffentlicht wurden, multipliziert mit deren Note, ergibt für jede Zeitschrift ein Produkt. Die Summe über die Produkte aller Zeitschriften wird geteilt durch die Gesamtzahl der Papers.

Unleugbar hat diese Kalkulation etwas von der Eleganz einer Milchmädchenrechnung, denn ihre Grundlage, die Note einer Zeitschrift, ist ein Ragout, aus vielen, oft zweifelhaften Bestandteilen. Die Note wird zwar hauptsächlich die durchschnittliche wissenschaftliche Qualität der in der Zeitschrift veröffentlichten Papers widerspiegeln, vielleicht aber auch so Fernliegendes wie die Papierqualität und das Layout. Eine Größe, die zahlenmäßig exakt die Qualität der akademischen Forschung eines Landes mißt, gibt es nicht. Aber es gibt Größen, die einen unabhängigen, berechenbaren Vergleich ermöglichen und nicht allzusehr von der Wirklichkeit abweichen, also brauchbar sind. Die Qualität einer Kuh kann auch nicht exakt angegeben werden, trotzdem gibt es Beurteilungskriterien wie Gewicht, Alter, Milchausstoß usw., die sich in einer Zahl, dem Preis, ausdrücken, der, mit einer bestimmten Unsicherheit, ein brauchbares Maß für den Wert des Tieres abgibt.

Natürlich wäre es unerläßlich, derartige Qualitätsmaßstäbe an anderen Indikatoren für das wissenschaftliche Ansehen zu überprüfen.

4.2 Maßstäbe für wissenschaftliches Ansehen

Das Ansehen der Wissenschaft eines Landes drückt sich aus in: der Anzahl der Nobelpreisträger, der Menge der Einladungen auf renommierte ausländische Kongresse, der Anzahl der Zitate, die die Papers einer Nation erhalten, der Menge der nationalsprachlichen Ausdrücke in der Fachsprache und dem Anteil des Landes an herausragenden Papers.

Jeder dieser Indikatoren hat Schwächen. Die Anzahl der Nobelpreise, die z.B. innerhalb eines Jahrzehnts an die Wissenschaftler einer Nation vergeben werden, ist nur ein qualitatives und grobes Maß für den Zustand der Wissenschaft einer Nation. Nobelpreise sind als Indikatoren zu ungenau und zu langsam, denn sie werden nur einmal im Jahr von irrenden Menschen vergeben. Ungeachtet seiner mystischen Aura, hängt die Vergebung des Preises von der Stimmung im Nobel-komitee und der Durchsetzungsfähigkeit nationaler Lobbys ab.

Von zweifelhaftem Wert ist auch die Anzahl der Einladungen, die die Wissen-schaftler eines Landes für renommierte, jeweils ausländische Kongresse erhalten. Das Organisationskomitee wählt die Redner nicht nur nach ihrem Ansehen oder der Qualität ihrer Forschung aus. Freunde und Bekannte der Mitglieder des Organisationskomitees haben bessere Chancen, eingeladen zu werden als Un-bekannte. Forscher, die in der Nähe wohnen, besitzen ebenfalls bessere Chancen als Forscher, denen hohe Reisekosten ersetzt werden müssen.

Die Anzahl der Zitate, die die Veröffentlichungen der Wissenschaftler eines Landes auf sich ziehen, hängt vom Zitationsverhalten ab und damit von der Frage, warum eine Arbeit zitiert wird. Unter dem Stichwort SCI wurde gezeigt, daß die Zitationszahl nur bedingt etwas mit der Originalität, Qualität und Bedeutung eines Papers zu tun hat. Die Anzahl der Zitate, die die Wissenschaftler eines Landes auf sich vereinigen, gibt aber einen Hinweis auf die Sichtbarkeit ihrer Arbeiten und somit auf ihre internationale Anerkennung.

Deshalb wird in den folgenden drei Kapiteln die deutsche akademische Grundla-genforschung an verschiedenen Maßstäben gemessen.

4.3 Eine britische Untersuchung

In den 70er Jahren kürzte die britische Regierung ihre Ausgaben für die Grund-lagenforschung. Um die Wirkung der Kürzungen auf die Produktion der briti-schen Wissenschaft festzustellen, wurde vom britischen Advisory board for the Research councils und der Royal Society's Policy studies Unit eine Untersuchung veranlaßt. Sie sollte Informationen über Langzeitentwicklungen der britischen Wissenschaft liefern. Dazu wurden für die großen Industrienationen Großbritan-nien, USA, Deutschland, Frankreich und Japan der jährliche Paperausstoß und die Zitate, die diese Papers durchschnittlich erhielten, bestimmt. Die Produktion wurde mit dem jeweiligen finanziellen Aufwand verglichen. Es ist die neueste und bisher einzige derartige Untersuchung. Nature veröffentlichte sie 1985 und 1986 in Band 316, 587-590, Band 323, 591-594 sowie 681-684, und die Daten der Tabellen 1 und 2 beruhen auf diesen Artikeln.

Tabelle 1: Die wissenschaftliche Produktion im Jahre 1982.

D	USA	F	GB	J	
17.5	107.0	14.5	23.8	21.0	veröffentlichte Paper x 10^3
188570	87570	178620	81260	150950	Kosten pro Paper in US Dollar
2.83	4.63	2.66	4.26	1.75	Paper pro 10 000 Einwohner
0.85	1.3	0.73	0.96	0.75	Zitationen pro Paper

Die Daten gelten für die Gesamtheit der naturwissenschaftlichen Fächer. Es handelt sich in dieser Tabelle um die akademische, staatlich geförderte, aus Steuergeldern finanzierte Forschung.

Tabelle 2: Kosten der akademischen Forschung (in US Dollar) im Jahre 1982

D	USA	F	GB	J	
53.5	40.5	47.5	34.5	26.5	Kosten der gesamten akademischen Forschung pro Kopf der Bevölkerung
1190	4630	940	660	1050	Kosten der Biowissenschaften in Millionen Dollar
19.3	20.0	17.2	11.8	8.8	Kosten der Biowissenschaften pro Kopf der Bevölkerung

Es handelt sich in dieser Tabelle um die akademische, staatliche geförderte, aus Steuergeldern finanzierte Forschung.

Gleichartige deutsche Analysen gibt es nicht, obwohl sie vielleicht interessanter wären als Untersuchungen über die "Konstitution und Funktion fiktionaler Texte" (1988 von der DFG mit 700.000 DM gefördert) oder "Ästhetik, Pragmatik und Geschichte der Bildschirmmedien" (1988 von der DFG mit 1.4 Millionen DM unterstützt).

Mit der erwähnten Untersuchung ging es den Briten nicht darum, sich selbst zu feiern; im Gegenteil, die Untersuchung sollte die britische Regierung von weiteren Kürzungen der Mittel für die Grundlagenforschung abhalten. Das zeigt schon der traurige Titel des Natureartikels: charting the decline in British science. Im Sinne des politischen Zwecks der Untersuchung wäre es also gewesen, die britische Wissenschaft möglichst schlecht und die anderen möglichst gut darzustellen, im Sinne von: Seht, uns gehts schlecht, und wenn ihr kürzt, wirds noch schlimmer. Die Aussagen der Untersuchung über die deutsche Wissenschaft sind ein unbeabsichtigtes Nebenprodukt und möglicherweise noch geschmeichelt.

Nach Tabelle 1 lag die BRD 1982 in der Anzahl der veröffentlichten Papers pro Kopf der Bevölkerung nach den USA und England an dritter Stelle. Die Rangfolge war in dem Jahrzehnt vor 1982 die gleiche: USA und England an der Spitze, der Rest, darunter die Deutschen, schleicht hinterher. Es gibt keinen Grund zu der Annahme, daß sich das seit 1982 geändert haben könnte.

Die entscheidende Aussage der Tabelle 1 ist, daß deutsche Papers im Durchschnitt mehr als doppelt so teuer sind als englische oder amerikanische. Der deutsche Steuerzahler bezahlte 1982 für ein durchschnittliches Paper 189.000$, der englische nur 81.000$. Diese Zahlen gelten für die Gesamtheit der Naturwissenschaften. Die meisten Mittel teilen sich in den Naturwissenschaften die Physik, Chemie, Geologie und die Biowissenschaften. Mit Papers aus der Physik schnitten die Deutschen besser ab, was den Schluß aufdrängt, daß die Zahlen für den Rest, insbesondere für die Biowissenschaften, noch schlechter sind als Tabelle 1 vermuten läßt. Das bestätigt die Untersuchung für den Teilbereich der Genetik. Der Anteil der BRD am Weltausstoß von Papers über das Thema Genetik lag mit 4.2% deutlich unter dem der Engländer (6.9%) (Japaner 7.0% und US-Amerikaner 68.9%).

Die Deutschen veröffentlichen also weniger Papers je Dollar Steuergeld oder pro Kopf der Bevölkerung als die Engländer oder Amerikaner. Sind die Papers deutscher Wissenschaftler wenigstens besser? Die Qualität von Papers in Zahlen zu beurteilen ist schwierig. Tatsache aber ist, daß deutsche Papers weniger zitiert werden als englische oder amerikanische. Das gilt für die Naturwissenschaften als Ganzes, aber auch die Anzahl der Zitate, die ein durchschnittliches deutsches Paper z.B. über das Thema Genetik erhielt, liegt unter der englischer Papers.

Schließlich gibt es auch keinen Hinweis darauf, daß deutsche Papers nützlicher oder anwendungsbezogener wären als die angelsächsischen. So stammten die Papers, die in genetischen Patenten (im Zeitraum von 1980-1985) zitiert wurden, zu 63,4% aus den USA, zu 9,4% aus England und nur zu 4,2% aus Deutschland.

4.4 Vergleich der Besten

Die Forschung zweier Länder könnte über Spitzenpapers verglichen werden; ähnlich wie z.b. die Anzahl der Gipfel über 3000 m einen rohen Vergleich des alpinen Charakters zweier Gebirgsstöcke ermöglicht oder die Anzahl der Seligsprechungen Rückschlüsse auf die Frömmigkeit des Kirchenvolks zuläßt. Papers, die aus der Masse hervorragen, wären z.b. die 100 meistzitierten oder die angesehensten. Von den 102 bis 1986 bestzitierten Papers der Biowissenschaften kamen 61 aus USA, 13 aus England, 7 aus Frankreich, 4 aus Japan und nur eines aus der BRD. Keine schmeichelhafte Statistik, wenn man bedenkt, daß die BRD mehr für die Biowissenschaften ausgibt als England, Frankreich oder Japan (Tabelle 2).

Die Anzahl der Zitate aber ist ein schlechtes Maß für die Güte eines Papers. So werden Papers, die Erkenntnisdurchbrüche in wichtigen biologischen Fragen veröffentlichen, zwar oft zitiert; die Rekordpapers im Zitiertwerden aber, sie beschreiben fast ausnahmlos Methoden (siehe SCI), gelten nicht als geniale wissenschaftliche Leistungen. Keines der drei meistzitierten Papers war Grundlage für die Verleihung des Nobelpreises. Deswegen, und weil für viele Forscher das Zählen von Zitaten dem Messen von Hausnummern gleichkommt, wurde versucht, die Verteilung der besten Papers zu bestimmen:

Die Zeitschrift *Nature* ist eine der besten Zeitschriften der Naturwissenschaften. *Nature* veröffentlicht Papers entweder als Letter oder als Artikel. Bei Artikeln handelt es sich fast ausnahmslos um sehr gute wissenschaftliche Arbeiten, die Sensationswert haben. Der Natureartikel ist der Rolls Royce unter den Papers. 1988 kamen 68% der Autoren von biologischen Natureartikeln aus amerikanischen Labors, 5,8% aus englischen und nur 2,4% aus deutschen, 1984 waren es 62,6%, 13,7% und 3,4% (Tabelle 3). Die Engländer und Amerikaner scheinen bei Spitzenleistungen der Forschung deutlich besser abzuschneiden als die Deutschen.

Tabelle 3: Die nationalen Anteile an ausgesuchten Papern der Biowissenschaften.

	% Autoren an Natureartikeln			% Anteil an den bis 1986 bestzitierten Papern	Aufwand für die Biowissenschaften in Millionen $ (1982)
	1982	1984	1988		
USA	63.0	62.6	68.0	60	4630
GB	12.3	13.7	5.8	12.7	660
D	6.4	3.4	2.4	1	1190

Für die % Autoren an Natureartikeln wurden die Autoren jedes Artikels mit einem biologischen Thema gezählt (ohne Wertung ihrer Position auf der Autorenliste) und nach der nationalen Angabe des Labors auf die Nationen verteilt. Autoren aus Labors, die nicht eindeutig einer Nationalität zuzuordnen waren (z.B. EMBL) wurden nicht berücksichtigt. Die Gesamtzahl der Autoren war 454, 591 und 305 für 1982, 1984 und 1988 respektive.

4.5   Schlechte Zeichen

Man kann eine Wurst nach ihrem Gewicht, ihrem Fettgehalt oder danach beurteilen, wie sie dem Nachbarn schmeckt. Gleiches gilt für die Wissenschaft:

Die Nobelpreise in Medizin und Chemie, die vom Karolinska Institut bzw. der schwedischen Akademie der Wissenschaften vergeben werden, gehen in der Regel in die USA oder nach England.

In den Rednerlisten wichtiger internationaler Kongresse tauchen die Namen deutscher Wissenschaftler selten auf, und keine deutsche Kongreßveranstaltung genießt ein Ansehen, das vergleichbar wäre mit dem Neuroscience-Kongreß, den Gordon-Konferenzen oder dem Cold-Spring-Harbor-Symposium in den USA. In den Editorial boards angesehener Zeitschriften, wie *Nature, Science, Cell, J. biol. Chem.*, sind die Namen deutscher Wisenschaftler rar, und das liegt nur zum Teil daran, daß diese Zeitschriften in angelsächsischen Ländern erscheinen.

Es gehört für den deutschen Forscher auch heute noch zum guten Ton, in den USA geforscht zu haben. Zum Dr. rer. nat. gehört nach wie vor der Dr. i.U. (Done research in USA). Amerikanische Postdoks dagegen arbeiten trotz der besseren Verdienstmöglichkeiten selten in Deutschland.

Die zunehmende Anglisierung der Umgangssprache im Labor zeigt das geringe Selbstbewußtsein der deutschen Forscher: Die vials werden gecountet und stehen im rack, die recovery ist niedrig, das Gel wurde geblottet, man arbeitet an der bench, hat progress report, löst in sample buffer, reviewed, schreibt ein paper für ein journal, um sich hinterher beim editor über den referee zu beschweren, der die results zu mager und die discussion zu üppig findet usw. Keine Frage, wer wen als Meister in der Forschung ansieht.

Gelegentlich versucht ein - von seinem Werbefachmann schlecht beratener - Politiker, der deutschen Forschung neue Impulse zu geben. Das Gründen neuer Komitees und Kontrollstellen ist noch harmlos. Gefährlich wird es, wenn sich ein zukunftsorientierter Politiker mit Publizitätsdefizit und ein einflußreicher, aber unterbewerteter Professor verbünden. Das führt so unweigerlich zur Gründung eines neuen Instituts wie Schwefelsäure zu Löchern im Labormantel. Diese Institute haben drei Merkmale: Der einflußreiche Professor wird Institutsdirektor, das Institut bekommt, als Zeichen des Fortschritts, einen angelsächsischen Namen und 80cm breite Außenbalkone als Fluchtwege bei Brandanschlägen militanter Gentechnologiegegner. In der Molekularbiologie hat das Institutsgründen seuchenartige Ausmaße angenommen, mit Ausbrüchen in Hamburg, Heidelberg und München.

Wesentliche Züge der Organisation deutscher Institute wurden amerikanischen Vorbildern angepaßt: die Arbeitszeiten der gewöhnlichen Forscher (länger), die Kleidung des Professors (statt Anzug zerknüllte Baumwollhose und ungebügeltes Hemd), die Schreibtische (statt Holzfurmier Plastikbeschichtung), die Elektrophoresegeräte (nagelneu), der Progress report (vorhanden) und die Namen der Komitees (englisch). Außerdem sitzen auf den Gruppenleiterstellen nicht mehr die Günstlinge des alten Institutsdirektors, sondern die Freunde des neuen. Bewährte Grundlagen der akademischen Forschung, wie z.B. die Arbeits- und Gewinnverteilung zwischen Professor und gewöhnlichem Forscher, bleiben dagegen erhalten.

In Heidelberg zum Beispiel wurden neue Forschungslabors angesiedelt, die mit Spitzenforschung den Anschluß an das internationale Niveau herstellen sollten. Das Wort "Spitzenforschung" hat bei deutschen Wissenschaftspolitikern die Bedeutung des Begriffes "Seligkeit" in der Religion: Die, die sie dauernd im Munde führen, haben sie nicht. So kennen auch ausländische Forscher von Heidelberg nur das Schloß und das EMBL (European Molecular Biology Laboratory). Es scheint das einzige Heidelberger Labor mit internationalem Renommee zu sein und sticht darin sämtliche Universitätslabors, Max-Planck-Institute und auch Großforschungseinrichtungen wie das Deutsche Krebsforschungszentrum (DKFZ) aus. Das sind meine persönlichen Erfahrungen, aber auch der Bericht der internationalen Beraterkommission für das DKFZ (Jahresetat 1982: 90 Millionen DM) stellte 1982 fest, daß sich dessen Forschungsarbeit in keiner Weise auszeichnet.

Das EMBL ist keine deutsche Einrichtung, sondern eine der europäischen Staatengemeinschaft. Im EMBL gibt es auch für die Laborleiter keine festen Stellen. Den Einfallsreichtum und die Produktivität scheint das zu fördern.

4.6   Was lernen wir daraus?

Vorn liegen die Deutschen mit den Ausgaben für die akademischen Forschung. Die BRD gab 1982 pro Kopf mehr Geld für die Forschung aus als England oder die USA (Tabelle 2). In den Biowissenschaften nahm sie eine gute zweite Stelle ein. Leider ist das Geld, das die Deutschen dafür ausgeben, das einzige, mit dem sie sich in der Grundlagenforschung hervortun. Nach allen anderen denkbaren und mir zugänglichen Maßstäben ist die deutsche Wissenschaft zweitklassig. Es gibt auch in der BRD hervorragende Wissenschaftler, doch der durchschnittliche deutsche Forscher veröffentlicht zu wenig und das wenige ist mittelmäßig und teuer.

5. WOZU GRUNDLAGENFORSCHUNG?

Entwicklungshilfe ist notwendig für den wirtschaftlichen Fortschritt der dritten Welt. Ohne Gastarbeiter hätte es kein Wirtschaftswunder gegeben. Im hintersten Kafiristan leben Abkömmlinge der Griechen als blonde, blauäugige Volksstämme mit eigenartigen Sitten weiter.

Diese Aussagen haben folgendes gemeinsam: Sie sind einleuchtend, unbewiesen und besitzen eine Lebenskraft, die so zäh ist wie die Inflation. Die blonden, blauäugigen Volksstämme Kafiristans konnte selbst eine DFG-Expedition, die das Gebiet 1937 bereiste und keinerlei farbliche Besonderheiten bei den Kafiris fand, nicht aus der Welt schaffen.

Es handelt sich um eine Sorte von Glaubenssätzen, die, obwohl im Kern so weich wie faule Eier, doch eine rationale Schale besitzen, die durch ständige Wiederholung zu ansehnlichem Glanz aufpoliert wurde. Das hohle Stroh der Einleitungen und Schlußbemerkungen von Forschungsanträgen, der Festreden und Fernsehansprachen von Wissenschaftspolitikern enthält ganze Gelege von Glaubenseiern. Spitzenreiter ist die Behauptung, Grundlagenforschung sei für das jeweilige Land eine wirtschaftliche Zukunftsinvestition.

Wirtschaftlich oder medizinisch wichtige Forschung wird von der Industrie geleistet, und die hält ihre Forschungsergebnisse geheim. Dagegen werden Fortschritte und Methoden der akademischen Forschung so schnell wie möglich veröffentlicht. Damit kann jeder die seltenen kommerziell verwertbaren Erkenntnisse aus den Papers nachkochen. Es ist billiger und bequemer, andere forschen zu lassen und sich darauf zu beschränken, deren Ergebnisse geschäftlich auszunutzen. Die Japaner überließen die akademische Grundlagenforschung jahrzehntelang anderen, ohne deswegen wirtschaftlich ins Hintertreffen zu geraten, und die glanzvolle Rolle der Engländer in der akademischen Forschung verhinderte nicht den Verfall ihrer Wirtschaft. In der Tat zeigt Figur 3, daß kein Zusammenhang zwischen den Investitionen in die Grundlagenforschung und der späteren Änderung des Bruttosozialprodukts besteht.

Offensichtlich entspringen weder das wirtschaftliche noch das medizinische Heil der Welt der akademischen Grundlagenforschung. Trotzdem zieht diese ihre Berechtigung nicht nur aus der Ausbildung von Forschern für die Industrie.

Figur 3: Der Zusammenhang zwischen Effizienz in der Grundlagenforschung (gemessen in Zahl der Paper pro Einwohner) und der wirtschaftlichen Entwicklung (gemessen als Zunahme des Bruttosozialprodukts). Aus *New Scientist* vom 10. Nov. 1990.

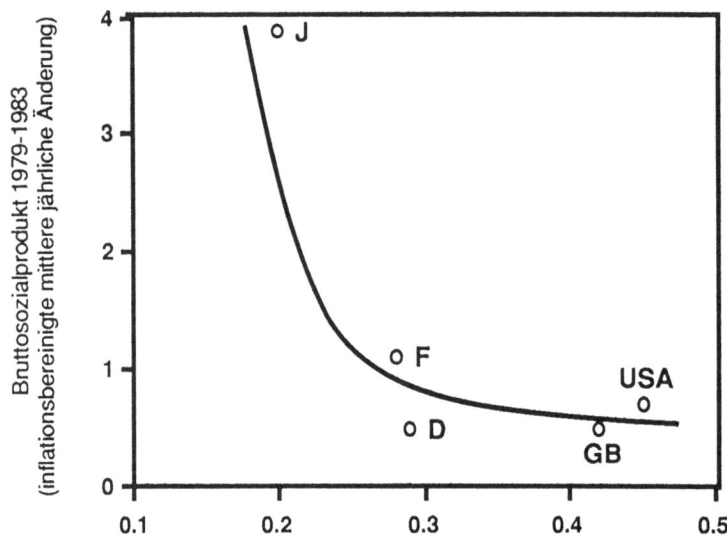

Zahl der wissenschaftlichen Paper pro 1000 Einwohner im Jahr 1973

a)   Der Grund, der Geschäftsleute und höhere Verwaltungsangestellte dazu treibt, moderne Bilder oder seltsame Betongußstrukturen zu kaufen, ist neben der Ehefrau die Tatsache, daß damit ihr gesellschaftliches Ansehen steigt. So ist auch die Forschung für den Staat das, was die langen Fingernägel für die Chinesen waren. Er gewinnt durch die Förderung der kommerziell nicht verwertbaren Grundlagenforschung an Prestige, denn nichts ehrt mehr, als sich eine teure Nutzlosigkeit leisten zu können. Aus ähnlichen Gründen zahlt er für den Leistungssport. Das ist nicht ironisch gemeint: Schließlich kann sich der Steuerzahler genauso etwas darauf einbilden, den genetischen Code entdeckt zu haben, wie auf einen Weltmeistertitel im Fußball.

b)   Es gibt ein Interesse des gemeinen Publikums an zweckfreien natur-wissenschaftlichen Fragestellungen, z.B., wie die Vielfalt der Antikörper entsteht oder die Nervenzelle Nachrichten verarbeitet. Ob es wesentlich größer ist als das für keltisches Münzwesen oder für die Technik mittelalterlichen Burgenbaus, sei dahingestellt, doch es ist da. Populäre naturwissenschaftliche Zeitschriften werden nicht nur von Forschern gekauft.

c) Grundlagenforschung wirft hin und wieder Entwicklungen an, wie die moderne Molekularbiologie, für die die zweckgerichtete Industrie- oder medizinische Forschung blind ist.

d) Grundlagenforschung warnt vor Gefahren, die die Industrieforschung nicht sieht oder nicht sehen darf. Beispiele sind Treibhauseffekt und Ozonloch.

e) Die experimentelle Grundlagenforschung schützt vor geistiger Höhenkrankheit. Esoteriker sind in der naturwissenschaftlichen Forschung selten. Es heilt zu erfahren, wie schwierig es ist, das Verhalten selbst einfachster Systeme nachprüfbar vorauszusagen, wie leicht einleuchtende Überlegungen sich an den harten Kanten des Experimentes stoßen und wie schnell bedeutungsvolle Worte jeglichen Sinn verlieren, sobald man versucht, ihren Inhalt in Zahlen zu messen. Theoretische Überlegungen sind nicht nur grau, sondern meistens auch noch falsch.

f) Forschen ist eine interessante Art, die Zeit totzuschlagen. Es beschäftigt Leute, die sonst die Ärzte- oder Anwaltschwemme vergrößern, an der Börse spekulieren oder sich in die Politik einmischen würden.

Wäre der Wohlstand der Bundesrepublik in Gefahr, wenn die Professoren und ihre Assistenten zur Straßenreinigung befohlen würden? Niemand weiß es, aber vermutlich hat die Sauberkeit der Straßen nur geringen Einfluß auf die wirtschaftliche Entwicklung. Die akademische Grundlagenforschung hat trotzdem Sinn und Nutzen, wenn auch nicht den, der in den Anträgen auf Forschungsgelder steht. Warum dafür nicht einen Bruchteil des Bruttosozialproduktes verwenden, schließlich kommt Forschen den Steuerzahler billiger als das Anlegen von Milchseen und Butterbergen.

6. EIN UNGEBETENER VORSCHLAG

6.1 Es muß sich etwas ändern, aber was?

Abschnitt 4 zeigt, daß der deutsche Steuerzahler mit der Forschung, die er bezahlt, blamiert ist. Dafür kann es zwei Gründe geben:

1. Die Deutschen sind dümmer als die Engländer oder Amerikaner

2. Die Deutschen organisieren ihre Forschung schlecht.

Es spricht einiges für Punkt 2:

Der deutsche Professor verwaltet, repräsentiert, hält Reden, sitzt bei oder im fortgeschrittenen Stadium vor. Statt zu forschen jongliert er mit Anträgen, jettet von einem Ausschuß zum anderen oder sucht in Gremien und Komitees überflüssige Einwände, die andere mit unnötigen Gründen bekämpfen. Manche lassen sich im Labor nur noch blicken, um die neuesten Dias abzuholen oder um die Goldadern zu betrachten, die ihre Wünschelrutengänger während ihrer Abwesenheit gefunden haben. Kurz: die Hauptbeschäftigung des Professors ist die Selbstdarstellung. Er verdient gut, ist sozial abgesichert, unterliegt keiner Weisungsbefugnis und keinem Leistungsdruck; er ist der Playboy unter den Beamten.

Einigen gefällt das, manche würden es gern ändern, alle aber hängen an Kommissionen, Ausschüssen und Komitees wie Jesus am Kreuz, festgenagelt mit Anträgen, Stellungnahmen, Sitzungen, Projektbeschreibungen, Zwischen- und Endberichten. Besonders prächtige Blüten treibt die Gschaftlhuberei in der milden, aber real existierenden Planwirtschaft von DFG und BMFT*, in Sonderforschungsbereichen und Schwerpunktprogrammen. Auf frisch gedüngten Äckern drehen endlos die Gebetsmühlen.

Den Postdoks nimmt der fehlende Zusammenhang zwischen wissenschaftlicher Leistung und sozialem Erfolg den Ehrgeiz. Nicht nur die geringe Chance, selbständig zu werden, treibt sie in die innere Kündigung; auch die undurchsichtigen Habilitierungs- und Berufungsverfahren, die eher den sozialen Rang und geschicktes Auftreten belohnen als den wissenschaftlichen Erfolg, führen zu Enttäuschung, Leistungsverweigerung oder Strebertum.

---

*   Erläuterungen Kapitel 8, Wörterbuch

Die natürliche Tendenz jeder Gruppe von hohem sozialem Rang und Privilegien, sich aus sich selbst oder wenigstens aus den gleichen Kreisen zu ergänzen, wird in der akademischen Forschung verstärkt durch die vielen Bewerber um das Professorenamt. Dazu kommt die undurchsichtige Art, in der die Stellen vergeben werden, und daß die Professoren allein bestimmen, wer in ihren Kreis aufgenommen wird. Das ist keine neue Erscheinung: Das Professorenamt der deutschen Universität des 18 Jh. war für Neulinge nur über die Fortpflanzungsbiologie (mit der Professorentochter) zugänglich.

Der Zugang zur naturwissenschaftlichen Grundlagenforschung geht über Promotion, Habilitation und Lehrstuhl: Einrichtungen aus dem Zopfzeitalter. Wozu braucht die Forschung Titel, wenn inzwischen sogar die Verwaltung ohne Geheimräte auskommt?

Die Einheit von Forschung und Lehre hemmt Forschung und Lehre. Dieser Meinung scheinen auch die Professoren zu sein: Um die Lehre drückt sich jeder, der etwas auf sich hält. Wenig lehren zu müssen ist ein Statussymbol des Professors und wichtiger Bestandteil von Berufungsverhandlungen. Daß auf größeren wissenschaftspolitischen Veranstaltungen sich mindestens ein Festredner verpflichtet fühlt, die Einheit von Forschung und Lehre zu verteidigen, hängt mit der Geruhsamkeit des professoralen Daseins zusammen. Die Lehre ist nämlich eine uneinnehmbare und bequem eingerichtete Festung, in die sich Professoren, die in der Forschung versagt haben, zurückziehen können. Lehren können sie meistens auch nicht, sie haben es ja nie gelernt, aber das stört seit der Abschaffung der Hörergelder keinen mehr, höchstens Studenten, die unfähig sind, sich den Stoff aus Büchern anzueignen.

6.2 Was gilt es zu vermeiden?

a)   Mehr Geld in die Forschung zu pumpen

b)   Die amerikanische Forschung nachzuäffen

c)   Ein Komitee aus Professoren, Sozialwissenschaftlern und politischen Beamten mit der Ausarbeitung einer neuen Forschungsorganisation zu beauftragen.

Zu a):

Kapitel 4 zeigt, daß das Problem der deutschen Forschung nicht das Geld ist. So hatte der milliardenschwere Ausbau der Universitäten in den Jahren 1960-1973 auf den Paperausstoß, z.B. der Biowissenschaften, keinen Einfluß. Die neuen Universitäten zeichnen sich bis heute weder durch Menge noch Güte ihrer Forschung aus.

Die deutsche Forschung über die Gründung neuer Institute mit neuer Verfassung zu reformieren ist ebenfalls illusionär. Wenn Klosterschüler in eine Mafiosibande eingeschleust werden, dann verwandeln sich die Klosterschüler in Mafiosi und nicht umgekehrt. Ein Institut mit neuer Verfassung wurde z.b. Mitte der 80er Jahre in einer südwestdeutschen Universitätsstadt gegründet. Nennen wir es Center of Molecular Excellence, abgekürzt COME. Das COME sollte, so die offizielle Zielsetzung, die deutsche Forschung auf das internationale Niveau in der Molekularbiologie heben und den Austausch von Wissen zwischen der Industrie, in diesem Fall einer großen deutschen Pharmafirma, und der Grundlagenforschung fördern. Allerdings ging es nicht nur um die Entwicklung neuer Techniken in der Molekularbiologie. Ein (mir) unbekannter Held wollte die Schlafkrankheit, die deutsche Institute über kurz oder lang befällt, mit neuen Organisationsformen bekämpfen. Einmalig in der deutschen Wissenschaftsgeschichte gab es im COME auch für die ordentlichen (C4*) Professoren keine festen Stellen, sondern nur einen 7-Jahresvertrag. Ein unabhängiger Beirat sollte die wissenschaftlichen Leistungen kontrollieren.

Leider blieb der Beirat ohne klare Vorgaben, was denn nun genau unter Leistung zu verstehen sei. Zudem ist er nicht im eigentlichen Sinne unabhängig, denn die Professoren des Instituts sind wiederum in Beiräten oder Ausschüssen, in denen es um Interessen von Mitgliedern ihres Beirats geht. So beschränkt der Beirat seine Tätigkeit auf einen gelegentlichen Plausch mit Vorträgen und belegten Brötchen. Ernsthafte Auseinandersetzungen zwischen Beirat und Institutsleitung kommen nicht vor. Im Grunde ist der Beirat eine bürokratische Einrichtung, die die Forscher von ihren eigentlichen Aufgaben abhält.

Bei der zeitlichen Begrenzung der Stellen gab es von Anfang an Schlupflöcher und Ausnahmen (z.B. für den Institutsgründer). Nach einer Schamfrist hatten alle C4*-Professoren des Instituts Dauerstellen. Wenn es darauf ankommt, ist der deutsche Ordinarius nämlich so zäh und ausdauernd wie ein Kaugummi - und genauso fest klebt er am Stuhl.

Das COME ist inzwischen ein gewöhnliches Institut. Seine Professoren befassen sich mit Molekularbiologie und den akademischen Wehs, den Grundfragen, um die sich alle höhere Wissenschaftspolitik dreht: Wer bekommt wo welchen Lehrstuhl mit wieviel Ausstattung. Dabei werden auch anrüchige Methoden verwendet wie Hausberufungen (Besetzung von Lehrstühlen der Universität durch eigene Mitglieder), und Verwandtschaftsverhältnisse spielten zumindest bei der Besetzung einer Gruppenleiterstelle eine Rolle.

Wahrscheinlich hatte die zeitliche Begrenzung der C4*-Stellen die Rolle des Brautkranzes, der nach der Hochzeit abgelegt wird. Der eigentliche Sinn des COME mit seinem High-tech-appeal und der ungeheuer dynamischen Industrieverbindung lag wohl, neben der Schaffung neuer Pfründe für 3 bis 4 Professoren, im Beweis der Fortschrittlichkeit des Ministerpräsidenten, der die Eröffnungsrede hielt, und dessen Partei.

---

*   Erläuterungen Kapitel 8, Wörterbuch

Inzwischen hat sich die Begeisterung gelegt. Molekularbiologie steht im politischen Abseits, und die kommerziellen Möglichkeiten dieser Forschungsrichtung in Deutschland sind düster. Die deutschen Pharmafirmen scheinen das vorausgesehen zu haben. HOECHST engagierte sich mit 50 Millionen DM in USA, während die Industrie für das COME nur lauwarmes Interesse bezeugte. Vielleicht dienten die von der erwähnten Pharmafirma in das COME investierten 10 Millionen DM Steuererleichterungsgeschäften mit der Landesregierung. Das wäre wirklichkeitsnäher gewesen, als handfeste Gegenleistungen des Instituts zu erwarten, die bisher auch ausblieben.

Zu b):

In einer Mischung von Bewunderung und Mimikry* neigt der deutsche Professor dazu, sich zu amerikanisieren, soweit das ohne Einschränkung seiner Vorrechte und Gemütlichkeit möglich ist. Es gehört zum guten Ton, für Fachausdrücke und in Seminaren, die englische Sprache zu verwenden, mit amerikanischen Wissenschaftlern befreundet zu sein und amerikanische Kongresse zu besuchen. Auch sucht öfters in Stellenanzeigen deutscher Universitäten ein Searchcommittee einen group leader, der besonders motivated sein soll.

Die Karriereleiter der amerikanischen Forschung hat (vereinfacht) 3 Stufen: assistent professor, associate professor und full professor. Der Assistent professor ist nicht festangestellt, leitet aber selbständig eine Gruppe von Doktoranden und Postdoks, hat ein eigenes Forschungsvorhaben und ein eigenes Labor. Nach 5 Jahren wird geprüft, was sein Labor geleistet hat, d.h. wie viele Papers wo publiziert wurden, und wieviel grant money (Forschungsgeld) die Gruppe erhielt. Danach bekommt der Assistent professor tenure, d.h., er wird als Associate professor festangestellt oder wird gefeuert.

Alle 3 Grade, auch die beiden oberen mit Tenure, unterliegen noch dem Wettbewerb um grants (Forschungsgelder). Dieser Wettbewerb ist härter als die Bewerbung um DFG-Gelder. Es geht teilweise um die Existenz, denn an manchen Universitäten muß von den Grants das eigene Einkommen bezahlt werden (Motto: get grants or get out).

Zu dem Wettbewerb um Grants kommt noch der Wettbewerb der Universitäten, besonders der privaten, um Studenten und um Forscher mit Grants. Das hängt damit zusammen, daß die amerikanischen Universitäten sich im Prestige unterscheiden. Es ist gleichgültig, ob einer in Konstanz oder in Tübingen studiert, aber nicht, ob er aus Yale oder aus der Kansas state University kommt. Ein Assistent professor der UCSF in Berkeley ist angesehener als ein Assistent professor einer unbekannten Universität im mittleren Westen. Der dreifache Wettbewerbsdruck auf den amerikanischen Forscher, bei den Assistent professoren, den Grants und den Universitäten, dürfte der Grund für den Erfolg der amerikanischen Forschung sein.

---

*   Erläuterungen Kapitel 8, Wörterbuch

Die Tücken der amerikanischen Forschung sind die Zeitvergeudung beim grant-proposal (Antrag auf Forschungsgelder) schreiben und das Peerreview. Der PI (principal investigator gleich Laborleiter) ist in den USA oft 3-4 Monate im Jahr nur mit dem Schreiben von Grantproposals beschäftigt. Diese werden, wie Papers, einem Peerreview unterworfen. Wegen des strengen Wettbewerbs haben fast nur Anträge Erfolg, die auf der Linie der allgemeinen Zustimmung liegen, die offensichtliche, sichere, einleuchtende Experimente beschreiben - Experimente, die das Voraussagbare verfolgen. Je ungewöhnlicher ein experimenteller Ansatz, desto größer ist die Wahrscheinlichkeit, daß er unterdrückt wird.

Der deutsche Akademiker sollte sich statt amerikanischer Hamburger sein eigenes Würstchen braten.

Zu c):

(das Komitee) riecht nach Planwirtschaft (politische Beamte), Kungelei (Professoren) und Inkompetenz (Sozialwissenschaftler). Aus so einem Komitee kann nur etwas Wirklichkeitsfremdes herauskommen, denn keiner der Beteiligten hat ein handfestes Interesse an einer Änderung der Zustände. Eher würde ein Komitee aus Bauern und Brüsseler EG-Bürokraten die Agrarsubventionen abschaffen. Nur Wissenschaftler, die sich von einem echten Wettbewerb soziale Vorteile versprechen, wären bereit, diese Neuerung hinzunehmen. Das sind die Leute, die forschen, nicht jene, die forschen lassen.

6.3 Von Goethe und dem Ende der Gemütlichkeit in der Grundlagenforschung

In jedes richtige akademische Buch gehören Goethezitate aus dem Faust, um einerseits die Würde des Geschriebenen zu erhöhen, andererseits die klassische Bildung des Autors zu beweisen. Ein Werk wie das vorliegende hat Goethezitate besonders nötig.

Die Einstellung des Wissenschaftsfunktionärs zu Reformen in der Grundlagenforschung ist eine poetische:

Da liegt der Fels, man muß ihn liegen lassen,

Zuschanden haben wir uns schon gedacht.

(Goethe, Faust II)

Seine Einstellung zu Verbesserern, und nicht nur zu selbsternannten, eine philosophische:

Laßt ihn die Narrenteidung treiben,

ihm wird kein Raum für seine Possen bleiben.

(Goethe, Faust II)

Die Einstellung des Verbesserers aber eine tragische:

Mich deucht es längst ich wär ein Tor,

komm mir recht schal und albern vor

(Goethe, Faust II).

Verbesserungsvorschläge unterbreiten unterstellt nämlich erstens, daß es etwas zu verbessern gibt, und zweitens, daß der Verbesserer die Sache versteht, die er verbessern möchte. In den Ohren des Wissenschaftsfunktionärs klingt das erste reichlich frech, das zweite schlicht unverschämt. Mit anderen Worten, ein selbsternannter Organisator wie ich, der ungebetene Vorschläge wie die folgenden unterbreitet, ist entweder ein arroganter Klugscheißer oder ein überheblicher Wichtigtuer oder beides.

Der Wissenschaftsfunktionär hat recht. Von Wissenschaftsorganisation versteht keiner etwas. Für begründete Verbesserungsvorschläge fehlen Produktionsanalysen der deutschen akademischen Forschung. Niemand hat untersucht, welches der vielen Pflänzchen des akademischen Gemüsegartens (z.B. Heisenbergler mit 2-3 Mitarbeitern, Arbeitsgruppenleiter, Professoren, Max-Planck-Arbeitsgruppen) die meiste und beste Frucht abwirft. Es gibt nicht einmal eine Übereinkunft darüber, was Frucht und was gut sein soll. Ob die Verwirklichung der folgenden Vorschläge die deutsche Wissenschaft auf Vordermann bringen würde? Beweisbar ist es nicht, ich glaube es nur.

Auch wird dieses Büchlein auf die Wissenschaftspolitiker soviel Eindruck machen wie das Schwanzwedeln des Ochsen auf die Fliegen, die um sein Hinterteil schwirren. Der Ochse weiß das und wedelt trotzdem, denn es bringt ihm Erleichterung und das Gefühl, etwas getan zu haben. Außerdem, wer keine Verbesserungsvorschläge macht, gilt als mieser Nörgler, der es auch nicht besser weiß. Soviel zum Stellenwert des Folgenden.

1. Die Dauerstellen in der akademischen Forschung, auch die Dauerstellen der Ordinarien, Institutsleiter und Max-Planck-Direktoren, werden abgeschafft. Die technische Organisation eines Institutes liegt in der Hand eines kaufmännischen Direktors, der zu wichtigen Entscheidungen die Gruppenleiter (siehe unten) des Instituts zu befragen hat.

2. Die Hierarchie wird auf 3 Stufen beschränkt: Doktorand, Postdok und Gruppenleiter.

3. Der Gruppenleiter ist selbständig mit einem auf 5 Jahre begrenzten Arbeitsvertrag. Einen Lehrauftrag hat er nicht. Der Lehre widmen sich Beamte, die keine Forschung betreiben.

4. Alter oder Titel (Habilitation, Promotion) spielen für die Ernennung zum Gruppenleiter keine Rolle. Ein 25jähriger Doktorand kann sich ebenso um eine Gruppenleiterstelle bewerben wie ein 50jähriger Postdok.

5. Nach 5 Jahren Forschung werden die Papers der Gruppe (die Papers, deren Seniorautor der Gruppenleiter ist) mit den Papers aller anderen deutschen Gruppen gleicher Arbeitsrichtung verglichen. Die Biologie z.B. könnte in die Arbeitsrichtungen Zellbiologie, Neurobiologie, Genetik, Immunologie und Mikrobiologie aufgeteilt werden.

6. Liegt der Paperausstoß der Gruppe nach Menge und Güte in der oberen Hälfte, wird dem Gruppenleiter (dem Seniorautor der Papers) eine zweite 5-Jahresperiode zugestanden und sein Gehalt erhöht. Trifft das nicht zu, wird die Gruppe aufgelöst und ihr Leiter zum Postdok zurückgestuft. Damit wird, nach jeweils 5 Jahren, die Hälfte der Gruppenleiterstellen frei. Um diese Stellen können sich Postdoks und Doktoranden bewerben. Die ehemaligen Gruppenleiter können in die Industrie ausweichen oder als Postdoks weiterforschen, um sich nach 5 Jahren wieder um Gruppenleiterstellen zu bewerben.

7. Die Bewerber um freigewordene Gruppenleiterstellen (Doktoranden und Postdoks) werden ausschließlich nach ihrer Produktion, mit anderen Worten, nach ihren Papers beurteilt. Sie reichen dazu die Papers ein, in deren Autorenliste sie an erster oder zweiter Stelle liegen. Erstautorschaften gelten mehr als Zweitautorschaften.

8. Übersichtsartikel, Lehrbücher oder Kongreßabstracts gelten nicht als Paper.

9. Das Ausleseverfahren für Gruppenleiter ist öffentlich, denn die Forschung wird aus öffentlichen Geldern bezahlt. Die Regeln des Verfahrens und die errechnete Rangliste werden in einer Tages- oder Wochenzeitung publiziert.

10. Als akademische Zierde ist der Doktortitel so nützlich, so beliebt und wahrscheinlich auch so unvermeidlich wie das Geweih beim Hirsch. Wie sonst bringt man einen erwachsenen, halbwegs intelligenten Menschen dazu, für ein Butterbrot und einen Professor 10-12 Stunden am Tag 3 Jahre lang zu schuften? Unnötig aber sind die schriftliche Promotionsarbeit und die Promotionsprüfung. Es genügt, die Papers, die der Doktorand in angesehenen und begutachteten wissenschaftlichen Zeitschriften veröffentlicht hat, bei der zuständigen Titelschmiede vorzulegen.

11. Die Umgestaltung der Forschung sollte mit einer Umgestaltung der Universität verbunden werden. Es wird nicht nur zu lange studiert, der Übergang von der Universität in die Forschung hat die Stetigkeit eines geplatzten Wasserrohrs.

Naturwissenschaftliches Forschen ist eine handwerkliche Angelegenheit. Der Forscher arbeitet während seiner fruchtbarsten Jahre, der Doktoranden- und Postdokzeit, zu 90% experimentell an der Bench. Den Rest widmet er dem Lesen von Papers. Das Tagwerk des Studenten dagegen besteht zum größten Teil aus dem Auswendiglernen von Lehrbüchern und Vorlesungsskripten, die mit der Wirklichkeit und den Erfordernissen der Forschung so wenig zu tun haben wie die Praktika oder Kurse, in denen er buchstabengetreu das Nachkochen von nostalgischen Experimenten aus der fernen Jugendzeit des leitenden Professors übt. Die Aufsicht führen gelangweilte Assistenten, deren Interesse an der Ausbildung des Studenten vergleichbar ist mit der Begeisterung eines Punks für deutsche Volksmusik. Das Ergebnis ist, daß der Student nach einem 5jährigen Studium vom Forschen soviel Ahnung hat wie ein Blutegel vom Bau des Hämoglobins.

Die Dauer des Studiums sollte, wie in England oder USA, auf 3 Jahre beschränkt werden. Der Student arbeitet, ganztägig und unentgeltlich, als Lehrling in einer Forschungsgruppe, die er sich aussuchen kann. Nach jeweils einem halben Jahr wechselt er Arbeitsgruppe und Arbeitsrichtung. Im Labor lernt er nicht nur sein Handwerk, sondern auch, wie eine Frage experimentell bearbeitet wird und wie man ein Problem anpackt. Im Gruppenseminar muß er Papers lesen, vortragen und kritisieren. Er knüpft wertvolle Kontakte, lernt das wirkliche Forscherleben kennen und ist eine billige Arbeitsquelle für die Labors. Die teuren, veralteten Praktika werden abgeschafft. Die Universität beschränkt sich, wie eine Berufsschule, auf einen theoretischen Unterricht von höchstens 2 Stunden je Tag. Statt Forschung und Lehre - forschen und lernen.

Der Student gewinnt zwei Lebensjahre, die er heute in Vorlesungen, Praktika und Seminaren vertrödelt. Er kommt früh mit der Wirklichkeit in Berührung, kann sich überlegen, ob Forschen die richtige Beschäftigung für ihn ist, und verbringt seine Zeit mit interessanter Arbeit, statt jahrelang Müllschlucker für staubiges Lehrbuchwissen zu spielen.

Die Anzahl und Besetzung der Forschungslabors setzen der Studentenzahl und der Ausbildung von Forschern Schranken. Neben schlichter Ratlosigkeit treibt der Irrglaube, durch ein Studium sozial aufzusteigen, die Jugend auf die Universitäten. Doch für die meisten ist ein naturwissenschaftliches Studium eine kostspielige Fahrkarte in die ärmeren Wohngegenden. Der Lebensverdienst des Forschers ist geringer als der des Schalterbeamten auf der Post, von dem er sich die Briefmarken für seine Bewerbungsschreiben kauft.

6.4 Die Bewertung

Um die Punkte 5 bis 7 durchführen zu können, müssen Papers zahlenmäßig bewertet werden. Eine vorurteilsfreie Methode, Papers zu bewerten, gibt es genausowenig wie einen vorurteilsfreien Gutachter; es gibt aber leicht und schwer beeinflußbare, teure und billige, langsame und schnelle Verfahren. Die folgenden zwei Vorschläge zeichnen sich dadurch aus, daß sie durch Interessengruppen schwer beeinflußbar und dazu billig und schnell sind.

A. Da Papers vor der Veröffentlichung sowieso von den Gutachtern der Zeitschrift beurteilt werden, könnten diese die Papers zusätzlich mit einer Zahl, ähnlich wie einen Schulaufsatz, benoten. Ein Paper wird in der Regel von zwei Gutachtern beurteilt, die nichts voneinander wissen. Es erhält also zwei unabhängige Noten. Damit ist eine innere Kontrolle möglich: weichen die Noten zu sehr voneinander ab, muß der Editor einen dritten Gutachter bemühen.

B. Noch einfacher geht es so: Ein Maß für die Qualität eines Papers ist die Zeitschrift, in der das Paper veröffentlicht wird. Also setzt der Geldgeber Punkte für bestimmte Zeitschriften fest, z.B. zählt ein Paper in *Nature* 15, eines in *FEBS lett.* nur 2 Punkte. Die Punktevergabe orientiert sich am Wirkungsfaktor der Zeitschriften oder wird durch die Wissenschaftler selbst vorgenommen, z.B. in einer amtlichen Umfrage, die alle drei Jahre durchgeführt wird.

Natürlich kommen nur Zeitschriften in Frage, die folgende Forderungen erfüllen:

a) Weder Editor noch die Mehrheit der Mitglieder des Editorial board sind Deutsche.

b) Die Seitenzahl der Zeitschrift ist beschränkt.

c) Die Zeitschrift hat eine internationale Leserschaft und einen gewissen Bekanntheitsgrad. Sie liegt z.B. in 50% aller wissenschaftlichen Bibliotheken aus.

d) Alle Artikel der Zeitschrift werden anonym von zwei Referees begutachtet, die der Editor bestimmt.

Wie auch immer der wissenschaftliche Wert der Papers zahlenmäßig erfaßt wird, nach Ablauf der 5-Jahresperiode stellt eine Behörde zusammen, was veröffentlicht bzw. in press ist, rechnet die Punkte aus und bezieht sie auf die Kopfzahl und/oder den Geldverbrauch des Labors. Die höhere Zahl gewinnt.

In Ermangelung eines neudeutsch-anglizistischen Namens nenne ich die beschriebene regelmäßige Auslese nach einem zählbaren Maß den Blasebalg: Die alte Luft wird regelmäßig herausgedrückt und durch frische ersetzt. Dieser Prozeß hält das Feuer in Gang.

Das eigene Labor

Das eigene Labor

BATmans Kampf

6.5   Der Gruppenleiter

Die Spitze der Forschungshierarchie bilden im Blasebalg die Gruppenleiter. Unbehindert von thematischen Vorgaben, Gremien oder Geldsorgen könnten sie 5 Jahre lang tun und lassen, was sie wollen. Etwa von einem Tag auf den anderen von Neurotransmitterrezeptoren* auf Wachstumsfaktoren* umsteigen oder ein halbes Jahr Urlaub auf Hawai machen. Der Gruppenleiter müßte weder die DFG um Unterstützung anbetteln wie ein bevormundetes Kind, noch bräuchte er Anträge oder Projektbeschreibungen schreiben. Seine Mitarbeiter dürfte er nach Leistung bezahlen und nicht stur nach BAT*-Liste. Der Gruppenleiter erkauft diese Narrenfreiheit mit dem Risiko, nach 5 Jahren auf der Straße zu stehen.

Zur Sparsamkeit erzieht ein fester Geldbetrag, mit dem der Gruppenleiter 5 Jahre lang auskommen muß. Der Betrag richtet sich nach seiner Arbeitsmethode und der vorhandenen Ausrüstung. Zwischen Personal und Sachmitteln gibt es keine Trennung. Ein Gerät kann gekauft werden, ohne vorher drei Kostenvoranschläge beibringen zu müssen.

Zur Abrechnung werden die Quittungen ohne Begründung beim Geldgeber eingereicht. Dieser erstellt daraus eine Liste der vorhandenen Geräte. Schafft der Gruppenleiter nach 5 Jahren die 50%-Hürde nicht, wird sein Labor aufgelöst und die Geräteliste den neuen Gruppenleitern zugestellt, die sich daraus Geräte aussuchen können. Die Buchhaltung wäre also denkbar einfach und käme ohne die umständliche Universitätsbürokratie aus. Eine einzige Sekretärin könnte die Geschäftsführung mehrerer Gruppen übernehmen.

Es wird nicht unbedingt eine edle Sorte Mensch sein, die der Blasebalg aus den Postdoks zu Gruppenleitern selektiert, sondern es werden eher verbissene Arbeitstiere sein - doch Magnaten, Funktionäre und Papis würden, spätestens nach der ersten Runde, in die lieblicheren Gefilde der Politik oder des Schulwesens abwandern.

6.6   Die Vorteile des Blasebalgs

Der Blasebalg wählt nach Leistung aus und schafft klare Spielregeln. Er ist schnell, billig und blind gegen soziale Herkunft, Redekunst, Krawattenmuster, Beziehungen, Alter, Titel und Rang.

Die Rechtfertigungsbürokratie mitsamt dem Komitee- und Ausschußwesen wird schlagartig so überflüssig wie ein Loch im Zahn. Vorstellungsgespräche, Vorträge,

---

*   Erläuterungen Kapitel 8, Wörterbuch

Anträge, Projektbeschreibungen sowie Zwischen- und Endberichte erübrigen sich. Die chemischen Kenntnisse der Professoren, bisher auf die Heißwasserextraktion von Kaffeebohnen verschwendet, und ihr Bienenfleiß, der nur den Umsatz der Papierindustrie gesteigert hat, werden sinnvoll eingesetzt. Sie, die meinen, besser forschen zu können, dürfen das endlich beweisen. Es gibt keine jahrelangen Verhandlungen mehr um Lehrstühle und ihre Ausstattung. Der Intrigensumpf wird trockengelegt, das Berufungskarussell verschrottet.

Das entscheidende Wort haben die Gutachter der Zeitschriften. Sie begutachten umsonst, arbeiten unparteiischer und genauer. Unparteiischer, weil sie nicht direkt über eine Stellenbesetzung entscheiden, und genauer, weil ihnen nur eine Arbeit vorliegt. Heute werden bei einer Stellenvergabe in die höheren Ränge ein halbes Dutzend Gutachter befragt, die meistens Deutsche aus dem Magnatenfilz sind. Keiner kennt genau die Arbeiten der Kandidaten, die er beurteilen soll, und ihr Gutachten dient oft nur als Alibi oder Argumentationshilfe. Wer wirklich entscheidet und warum, das bleibt den Außenstehenden und Bewerbern so unklar wie das Zustandekommen von Börsenkursen.

Beim Blasebalg dagegen hätten bei einem Bewerber mit 10 Originalveröffentlichungen mindestens 20 verschiedene, unabhängige internationale Gutachter seine Arbeiten gesehen und unabhängig voneinander anonym und ohne Gelegenheit zur Absprache beurteilt. Da die Gutachter den Autor des Papers meist persönlich nicht kennen und umgekehrt, können sie weder unter Druck gesetzt werden noch verfängt Charme und Redekunst des Autors. Die Qualität der Arbeit tritt in den Vordergrund.

Das neue Verfahren ist durch den Geldgeber leicht steuerbar. Er kann über die zugeteilten Punkte die Zeitschriften auswählen, in denen Artikel erscheinen sollen. Er bestimmt den Stellenumsatz, d.h. wieviel Stellen je Fünfjahresperiode frei werden, indem er die Anforderungen herauf- oder heruntersetzt. Will er z.B. den Stellenumsatz vergrößern, so muß der Forscher für die zweiten fünf Jahre als Gruppenleiter nicht mehr nur in der besseren Hälfte, sondern sogar im oberen Drittel liegen. Außerdem kann, je nach Zustand der Finanzen, auch die Anzahl der Stellen vergrößert oder verkleinert werden. Diese Steuerung greift, ohne den Inhalt der Forschung zu beeinflussen.

Der Tendenz zur Laborvergrößerung um des Ansehens willen ist ein Riegel vorgeschoben, denn bewertet wird die Leistung: der Paperausstoß pro Kopf. Damit werden die Gruppengröße begrenzt und der Aufbau von Fürstentümern erschwert - mit der seltenen Ausnahme der Labors begabter Organisatoren. Das Ergebnis wären nicht nur eine größere Effizienz, sondern auch mehr unabhängige Stellen.

Der Blasebalg

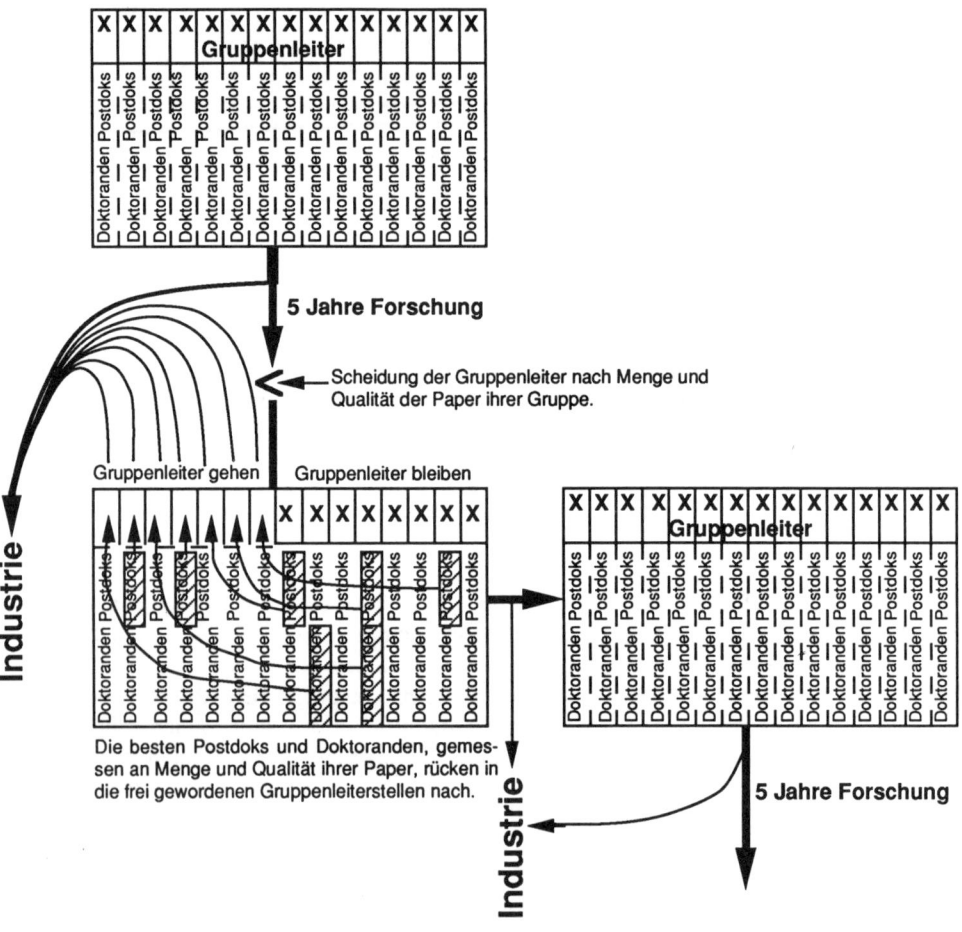

5 Jahre Forschung

Scheidung der Gruppenleiter nach Menge und Qualität der Paper ihrer Gruppe.

Gruppenleiter gehen | Gruppenleiter bleiben

Die besten Postdoks und Doktoranden, gemessen an Menge und Qualität ihrer Paper, rücken in die frei gewordenen Gruppenleiterstellen nach.

5 Jahre Forschung

Industrie

Industrie

Die soziale Stellung der Doktoranden und Postdoks verbessert sich. Ihre Aussichten, selbständig zu werden, steigen gewaltig, werden sogar (in Grenzen) berechenbar. Die Spielregeln sind klar, jeder weiß, worauf er sich einläßt. Die Postdoks müssen nicht alle 2 bis 3 Jahre das Labor wechseln, denn der Laborleiter hat ein Interesse daran, gute Leute zu halten. Auch wird er aus Eigeninteresse eine leistungsgerechte Bezahlung bieten müssen.

Laborleiter und Postdoks ziehen am gleichen Strang. Für beide wäre es eine Existenzfrage, daß das Labor gut läuft; und beide würden gleichermaßen profitieren, der eine als Erst-, der andere als Seniorautor. Wie in Napoleons Armee hätte auch in der Forschung ein einfacher Soldat einen Marschallstab im Tornister. Heute dagegen muß der Postdok alle 2 bis 3 Jahre, spätestens aber alle 5 Jahre die Stelle wechseln. Dazu wird er leistungsunabhängig und schlecht bezahlt und hat keine Aussicht, seinen eigenen Kram machen zu können.

Manche Arbeitsgruppenleiterstellen und die Heisenberg-Stipendien werden heute schon nur auf 5 Jahre vergeben, allerdings weder nach Verdienst noch nach klaren Regeln. Die Vergabe ist immer noch verbunden mit einem Affenzirkus von Anträgen, Projektbeschreibungen, Gutachterkomitees, Vorträgen (in der Fachsprache Vorsingen genannt) und abendlichem Bankett. Das Neue an meinem Vorschlag ist, daß die Bedingungen für alle gelten und die Stellen nach Verdienst in einem für Interessenten schwer beeinflußbaren, schnellen, billigen und für die Beteiligten durchsichtigen Verfahren vergeben werden. Dazu werden die bürokratischen Hürden und ein paar alte Zöpfe abgeschafft.

6.7   Die Nachteile des Blasebalgs

a)   Der Blasebalg legt Gewicht auf viele Papers in möglichst angesehenen Zeitschriften. Die wissenschaftliche Qualität einer Forschungsarbeit wird also nur indirekt erfaßt. Solange es keine Größe gibt, die exakt die wissenschaftliche Qualität einer Veröffentlichung mißt, kann es auch kein Verfahren geben, das sich direkt an der Qualität orientiert. Trotzdem würde der Blasebalg die Leistung einer Gruppe besser und billiger einschätzen als die Methoden, die heute angewandt werden.

b)   Auch der Blasebalg ist nicht sicher gegen Mißbrauch und Unterschleif, denn das Gutachtersystem wird nicht umgangen, sondern nur verbessert. Über die Annahme der Papers entscheiden auch Gutachter und über die Auswahl der Gutachter die Editoren der Zeitschriften. Wer den Editor einer angesehenen Zeitschrift gut kennt, hat damit auch Einfluß auf die Auswahl der Wissenschaftler, die seine Arbeit begutachten, und damit auf die Chancen seines Papers. Nur übertreiben kann das der Editor nicht, denn bringt er seinen Spezi allzu oft mit allzu miesen Arbeiten auf die Seiten seines Journals, dann muß er mit dem eifersüchtigen Protest seiner Leser rechnen. Außerdem verwässert er den Ruf seines Blättchens und damit seinen eigenen.

c)   Auch der Blasebalg kann zu ungerechten Entscheidungen kommen. Es ist denkbar, daß ein Wissenschaftler sehr gute Ergebnisse hat, diese aber nicht in den top journals unterbringt, entweder, weil die Referees die Bedeutung seiner Arbeit nicht erkennen oder, weil der Forscher seine Ergebnisse nicht verkaufen, d.h. entsprechend darstellen kann. Dieses Problem aber haben die heutigen Methoden auch.

d)   Im Blasebalg wäre ein Gruppenleiter schlechter gestellt als heute. Mit 50% Wahrscheinlichkeit winken ihm nach 5 Jahren Arbeitslosigkeit, Berufs-wechsel oder soziale Deklassierung. Er kann sich nicht mehr auf seinen Lorbeeren ausruhen, sondern muß immer neue Leistung bringen.

Der Einwand, daß gute Forscher auf die Arbeitsbedingungen im Blasebalg nicht eingehen würden, verwechselt gut mit etabliert. Tatsächlich wird es schwer sein, etablierte Max-Planck-Direktoren oder Ordinarien zu einem Verfahren zu bekehren, bei dem sie nur verlieren können. Der etablierte Ordinarius aber ist nur die Spitze eines Eisberges von Doktoranden und Postdoks. Die Forschung braucht ihn so notwendig wie eine Rudergaleere die Gallionsfigur. Postdoks und auch schon bekann-te Forscher mit Ehrgeiz würden sich um die Gruppenleiterstellen des Blasebalgs reißen. Die ersteren, weil sich ihre Stellung verbessern würde, die zweiten, weil diese Stellen Ansehen einbringen, das auf echten Grundlagen beruht: besser zu sein als der Rest. Dazu kommen paradiesische Forschungsbedingungen. Der Gruppenleiter hat keine unnötigen Schreiberein mehr, er kann sich völlig auf die Arbeit konzentrieren. Wissenschaftler, die die 50%-Hürde 2-, 3- oder sogar 4mal übersprungen haben, müssen natürlich entsprechend bezahlt werden. Spitzensportler verdienen Unsum-men, warum nicht auch Spitzenwissenschaftler?

Schließlich gäbe die in gewissen Zeitabständen veröffentlichte Rangliste der deutschen Forscher der Wissenschaft eine sportliche Note. Wie Bundesligatabellen oder Renn-sportergebnisse könnte es die Rangliste erreichen, daß der gemeine Mann endlich anfängt, sich für die Forschung, die er bezahlt, zu interessieren. Gute Forscher würden (fast) so bekannt wie Fußballspieler oder Tennisstars - und das mit mehr Grund. Eine Sehnsucht ginge in Erfüllung, die versteckt, aber stark im Herzen des Forschers brütet. Eine Sehnsucht, die für die meisten der eigentliche Arbeitsantrieb ist: die Sucht nach der Befriedigung der Eitelkeit. Von Mitfahrern in der Straßenbahn erkannt zu werden, von Schülern um Autogramme angegangen zu werden und für die bewundernden Blicke der Assistentin würde nicht nur der deutsche Forscher seine Großmutter verkaufen.

6.8 Sind Änderungen durchsetzbar?

Grundlagenforschung ist ein Luxus, den sich der Staat zur Mehrung seines Ansehens leistet, so wie ein Millionär sich gern als Kunstmäzen gibt. Ihre wirtschaftliche Bedeutung ist gering. Ein Umsturz im Management der Grundlagenforschung hätte daher keine wirtschaftlichen Folgen, so wie eine Aufräumaktion im Kinderzimmer zwar zu Geschrei führt, aber keine Konsequenzen auf das Einkommen des Vaters hat.

Um die Forschung zu reformieren, muß man Wettbewerb mit Leistungsanreizen einführen. Dazu gehört, daß Forschungsleiter, die keine guten Papers veröffentlichen, entlassen werden, anstatt sie, wie heute, bis zur Pensionierung auf ihren Stellen sitzen zu lassen. Die unkündbare Beamtenstellung kommt einem Professor, der sich hauptsächlich mit Forschung befaßt, nicht zu. Mit seiner Forschung dient er nicht dem Staat, sondern der Wissenschaft oder letztlich seiner Neugier und Eitelkeit.

Nun ist die Anzahl der Professoren klein, sie sind ohne Lobby, ohne Gewerkschaft, ohne Druckmittel. Es gibt keinen echten volkswirtschaftlichen Bedarf für sie. Aus der Sicht des gemeinen Wählers sind sie zudem eine bevorzugte Schicht, für die er weder Interesse noch Sympathie hat. Ein Streik würde scheitern, denn er hätte keine Auswirkungen. Studenten unterrichten können auch die Assistenten.

Das ist die Theorie. Die Praxis aber ist, daß der Professor Beamter ist - und daß er es gern ist. Schon immer war er, vom Anbeginn seines Seins im 14. Jh. bis heute Staatsangestellter und Fürstendiener. Sein Schild und Schutz ist der gut organisierte, einflußreiche Rest der Beamten, der sich dem Ende des beamteten Professors widersetzen wird. Aus Angst, es könnte der Anfang vom Ende des Beamten selbst sein.

Zudem sind die Professoren einflußreich. Sie haben Zeit, leichten Zugang zu den Medien und Übung im Schreiben und Reden. Wer versucht, ihnen die Beamtenstellen wegzunehmen, wird schnell erfahren, daß Spitzenforschung und verstärkter Wettbewerb feste Grenzen da haben, wo die finanziellen Interessen der Professoren anfangen.

Der Professor kann nicht wie die Dinosaurier schnell und gründlich in einer Katastrophe vernichtet werden. Aber man könnte seine Fortpflanzung verhindern und ihn langsam und unauffällig aussterben lassen.

7. DER MACHIAVELLI DES GEWÖHNLICHEN FORSCHERS

"Da es aber meine Absicht ist, etwas Brauchbares fuer den zu schreiben, der Interesse dafuer hat, schien es mir zweckmaessiger, dem wirklichen Wesen der Dinge nachzugehen als deren Phantasiebild."

Machiabelli, Il Principe

Niccolo Machiavelli wurde 1469 in Florenz geboren. Als Sprößling einer alten florentinischen Patrizierfamilie verfügte er über Beziehungen und Gönner, z.B. den späteren Papst Klemens VII., und so nimmt es nicht wunder, daß er schon mit 29 Jahren zum Vorsteher der zweiten Staatskanzlei der Republik Florenz gewählt wurde. Machiavelli war trotzdem ein fähiger Beamter. Er hatte nicht nur für seine Zeit ungewöhnliche Ideen, wie die Bildung einer Miliz nach Schweizer Vorbild, er verstand es auch, die Ideen durchzusetzen und zum Erfolg zu führen. So eroberte er mit dem von ihm gebildeten Heer die Stadt Pisa. Dutzende von politischen Missionen an ausländischen Höfen lehrten Machiavelli, wie Politik wirklich gemacht wird. Seine Lehrsätze sind keine theoretischen Hirngespinste.

Ein Trost für die vielen, die in der akademischen Laufbahn, in der es ja hauptsächlich auf politische Begabung ankommt, scheitern, sei, daß selbst ein Könner von der Größe Machiavellis nicht gegen Mißerfolg gefeit war. Machiavelli hat es, auf die akademische Laufbahn übertragen, nur zum Postdok gebracht: Er hatte immer einen über sich, für den er zu arbeiten hatte.

Im kritischen Postdokalter, als 43jähriger, wurde Machiavelli des Amtes enthoben. Sein Sturz war tief. Im Kerker zu Florenz mußte er wochenlang biologische Beobachtungen machen. Er schreibt von "Ratten so groß wie Katzen und von Läusen, so groß wie Schmetterlinge".

Später gelang es Machiavelli, in die Politik zurückzukehren, zu wirklichem Einfluß aber brachte er es nicht. Am 10. Juni 1527 wurde seine Bewerbung um die Stelle des Sekretärs der Stadt Florenz abgelehnt (mit 555 gegen 12 Stimmen!). 12 Tage später starb er, 58 Jahre alt, arm und voller Verzweiflung.

Die Grundlagenforschung, mit ihrer Unzahl unabhängiger, sich befehdender Kleinfürsten oder Professoren, der Abhängigkeit und Rechtlosigkeit der Untergebenen, ähnelt dem Italien der Renaissance. Diese Zustände werden sich kaum ändern, denn am Blasebalg oder einem ähnlichen Verfahren hat keine politische Gruppe Interesse, und die Doktoranden und Postdoks sind ohne Druckmittel.

Der Möchtegern-Professor muß sich also in der real existierenden Forschung durchsetzen. Sich Durchsetzen heißt nicht, wichtige Entdeckungen zu machen, sondern eine feste Stelle als selbständiger Wissenschaftler zu erringen. Die wichtigen Entdeckungen werden dann, unter seinem Namen, von den weniger Glücklichen gemacht.

Machiavellis Lehren, ergänzt durch ein paar Weisheiten des Autors, helfen beim Professor-Werden. Trotzdem wird der Weg Entsagung und Arbeit fordern und nicht zwangsläufig zum Ziel führen. Die Gefahr des Scheitern ist groß. Zuvor deshalb eine

Kosten-/Nutzenrechnung

Selbständiger Forscher zu werden ist unwahrscheinlich, berühmt zu werden fast ausgeschlossen, reich zu werden unmöglich. Das Höchste, das dem Forscher winkt, ist ein Lehrstuhl oder eine Max-Planck-Direktorenstelle. Der Vorteil dieser Stellung ist, unabhängig zu sein und keinen Chef über sich zu haben, ansonsten ähnelt sie der eines Bürokraten wie ein Schreibtisch dem anderen. Die schöpferischste Tätigkeit vieler Professoren ist das Abschöpfen von Geldquellen, und das Erfinden beschränkt sich auf das Finden neuer Tagungsorte. Auch wird der Professor nur mäßig bezahlt, und wissenschaftlicher Ruhm, wenn er je welchen erreicht, glänzt höchstens in einem engen Kreise von ein paar Hundert Spezialisten. Gern sieht er sich als Zündkerze, die Ideenfunken versprüht und den Motor zum Laufen bringt, doch das ist eitler Glaube - so wirklichkeitsnah wie der an die unbefleckte Empfängnis Mariä.

Forschen füllt den Tag und das Gehirn, und manchmal macht es sogar Spaß. Forschen aber kann der Kandidat nur etwa 9 Jahre, 3 Jahre als Doktorand und 6 Jahre als Postdok. Danach ist er entweder Professor oder in der Industrie oder ein hoffnungsloser Fall.

Die Aussicht auf diese mittelmäßige Stellung fordert einen gewaltigen Einsatz. Der gewöhnliche Forscher arbeitet 10 bis 12 Stunden täglich, oft auch am Wochenende, mit teils giftigen oder radioaktiven Stoffen bei einer Bezahlung, die in der Doktorandenzeit ums Existenzminimum schwankt und später nicht wesentlich besser wird. Dazu hat er die Sicherheit, nach jeweils 2 bis 3 Jahren Arbeitsplatz und Wohnort wechseln zu müssen. Prokurist einer mittleren Firma oder Abteilungsleiter bei der Bundespost zu werden fordert weniger Mühe, ist berechenbarer und besser bezahlt.

"Auf das wahre Verdienst greift man nur in schwierigen Zeiten zurueck; in ruhigen Zeiten dagegen werden nicht die verdienstvollen Maenner beruecksichtigt, sondern die, die sich auf Reichtum und gute Beziehungen stuetzen koennen."

Machiavelli, Discorsi

Im wissenschaftlichen Elfenbeinturm ist es besonders ruhig. Für den gewöhnlichen Forscher ohne Beziehungen ist die staatliche Wissenschaft eine Lotterie, die großen Einsatz verlangt und dafür winzige Chancen auf mäßigen Gewinn bietet.

Seit einigen Jahren geht das Gerücht um, daß in einigen Jahren eine Unzahl von Lehrstühlen frei würden, für die keine Bewerber zur Verfügung stünden. Nun ist es zwar möglich, daß wegen der geringen Geburtenrate der Deutschen irgendwann selbst die Vettern selten werden, doch sollte sich der Möchtegern-Professor keine Illusionen machen. Das vergleichsweise hohe deutsche Bezahlungsniveau wird genügend Konkurrenten aus dem Ausland anlocken.

Im Laufrad jagt die weiße Maus

mit aller Kraft nach oben aus

doch vergebens ist die Müheregung

statt Aufstieg gibt es Kreisbewegung

so wirds auch BATmann* nicht gelingen

sich nach oben aufzuschwingen

denn ist es BATmanns festes Streben

nicht am gleichen Fleck zu kleben

dann braucht er wie ein Kinderdrachen

Aufwind aus des Zephirs* Rachen

---

*   Erläuterungen Kapitel 8, Wörterbuch

Den, der sich trotzdem zum Sitzen auf einem Lehrstuhl berufen fühlt, begleiten drei Grundregeln:

1. Werde nie für längere Zeit krank.

2. Kaufe keine schweren Möbel.

3. Glaube nicht, daß dein Professor einen besseren Charakter hat als du selbst.

Die folgenden Verhaltensregeln sind frei von moralischen Feinheiten. Wer die Arroganz hat, Karriere machen zu wollen und dabei einwandfrei zu handeln, der sollte sich für eine andere Laufbahn entscheiden. Der Autor ist der Meinung, daß die Rechtlosigkeit des gewöhnlichen Forschers jede Gerissenheit notwendig macht und entschuldigt.

Brotlos macht der Weisheit Quell, drum Student sei klug und schnell

1. Der Besitz des Diploms berechtigt zur Teilnahme an der akademischen Stellenlotterie. Wie in anderen Lebensbereichen auch, zählt allein der Besitz - wie man dazu gekommen ist, hat zweitrangige Bedeutung. Also studiert der zukünftige Forscher so schnell wie möglich, selbst wenn er dafür schlechte Noten in Kauf nehmen muß. Für Noten interessieren sich die Eltern, in der Forschung wird selten danach gefragt, und wenn: Es macht einen besseren Eindruck, das Diplom nach 3 Jahren mit der Durchschnittsnote 4 abgeschlossen zu haben als nach 6 Jahren mit einer 1.
Das Scheinwesen der Universitätspraktika und die Prüfungen mußt du mit einem Minimum an Aufwand und Zeit hinter dich bringen. Habe kein schlechtes Gewissen, wenn der Betreuer den Zettel nur mit tränenden Augen herausrückt: Der Schein heiligt die Mittel. Eine Prüfung gerade noch mit einer 4 bestanden zu haben, ist keine Schande, sondern im Gegenteil ein Höhepunkt der Studiumoptimierungskurve. Vorlesungen sollten geschwänzt oder, wenn das nicht möglich ist, nach dem Prinzip des geringst möglichen Aufwands besucht werden.

Durch ein Studium in England kann die tote Zeit des Studierens elegant abgekürzt werden. Der durchschnittliche englische Student braucht 3 1/2 Jahre bis zum Diplom, der deutsche 5 Jahre, und noch niemand hat behauptet, daß englische Wissenschaftler schlechter wären als deutsche. Im Gegenteil, in England studiert zu haben gibt das Prestige des Mannes mit Initiative und ein Gefühl für die englische Sprache, das später beim Paperschreiben und Redenhalten von Nutzen sein wird.

111

2. Arbeite schon während des Studiums mit Ehrgeiz in dem Labor eines bekannten Professors (Hiwi!). Nur da lernt man forschen, nur da vermittelt der Betreuer mit Interesse die aktuellen und später wichtigen Techniken. Du knüpfst wertvolle Kontakte und Beziehungen, wirst früh in die sozialen Mechanismen des Forscherlebens eingeweiht, vielleicht sogar Koautor auf ein paar Papers.

3. Spätestens nach der Diplomarbeit mußt du wissen, was du willst: selbständiger Forscher werden oder einfach einen hübschen Titel holen, um unter einem Chef ein gehobenes Abeitnehmerleben zu führen. Wer Letzteres will, sollte einen billigen Doktor machen und danach gleich in die Industrie gehen, ohne seine Zeit mit einem Postdok zu vertrödeln.

Wer einen Doktor machen will, braucht Strategie und Taktgefühl

Die wichtige Person für den wissenschaftlichen Teil der Doktorarbeit ist der Postdok, der dich betreut. Für dein Fortkommen dagegen ist der Doktorvater, der Professor, entscheidend.

1. Regel Nr. 1 ist: Suche einen berühmten Doktorvater. Sein Glanz fällt auch auf dich. Der Doktorvater sollte wirklich berühmt, also nobelpreisverdächtig sein und nicht nur bekannt. Es ist wichtiger, bei wem du etwas gemacht hast als was du gemacht hast, und besser, 6 Monate auf eine Stelle bei einem berühmten Doktorvater zu warten als sich 3 Jahre für einen mittelmäßigen C4* abzuschinden.

Doch Ruhm ist nicht alles. Der ideale Doktorvater darf nicht älter sein als das Molekulargewicht von Ca^{2+} und muß politischen Einfluß, Lust daran und einen Lehrstuhl haben. Er sollte Pöstchenverteilungskomitees mit seiner Mitgliedschaft beehren, Sonderforschungsbereichen vorstehen, auf deutschen Kongressen als Hauptredner auftreten und Editor bekannter wissenschaftlicher Zeitschriften sein.

Echte wissenschaftliche Berühmtheiten sind in Deutschland rar. Sie gleichen einsamen Blumen in weiter Ödnis, umschwärmt und besetzt von zahllosen Doktorandenbienen, die der süße Duft des Ruhms anlockte. Sonderwünsche, z.B. ohne Tierversuche oder ohne Radioaktivität arbeiten zu wollen, kann sich der Suchende deshalb nicht leisten. Auch Arbeitsort und Arbeitsklima sind zweitrangig, denn ein gewissenloser, widerlicher Streber kann doch ein guter Laborleiter sein und die Karriere nachhaltiger fördern als ein weichlicher Menschenfreund.

Was nützt dem Doktoranden ein Laborhocker mit Samtbezug, wenn sich der Samt ein paar Jahre später in Asphalt verwandelt? Wozu eine Stadt mit

---
*   Erläuterungen Kapitel 8, Wörterbuch

berühmter Oper, wenn nach 14 Stunden Laborarbeit nur noch die Geräusche des Kopfkissens interessieren? Dem Ehrgeizigen sind einzig 3 Punkte wichtig: berühmter Doktorvater, hohe Wahrscheinlichkeit, zu guten Papers zu kommen, vorraussichtlich kurze Dauer der Arbeit (siehe Punkt 6); unangenehme Zugaben nimmt er in Kauf. Er weiß, daß es das ideale Labor so wenig gibt wie das maßgeschneiderte Thema oder den edlen Wilden, und seine Devise lautet: "Besser leb drei Jahre schlecht als dein Leben lang als Knecht". Auch kümmert er sich frühzeitig - schon als Student - um die Doktorandenstelle, z.B. indem er im Labor des berühmten Mannes zuerst als Hiwi und später als Diplomand arbeitet.

Die Publikationsliste (erhältlich bei der Sekretärin) zeigt den wissenschaftlichen Stellenwert eines Professors an, und ein guter Hinweis auf den Zustand des Labors ist das Verhältnis der Anzahl der Mitarbeiter zu den *Cell-, Nature-, PNAS*-Artikeln der letzten 2 bis 3 Jahre. Der vorsichtige Stellensuchende prüft Prestige und Stellung eines möglichen Doktorvaters außerdem in Gesprächen mit Postdoks und Professoren anderer Labors. Diese geben im allgemeinen bereitwillig, wenn auch nicht unvoreingenommen, Auskunft, ist doch die Stellung der Kollegen ein Lieblingsthema jedes Forschers.

2.   Unterhalte dich bei der Stellensuche nicht nur mit dem Laborleiter und dem Postdok, der dich betreuen soll. Haben sie ein Interesse an deiner Arbeitskraft, so werden sie dir ihr Labor und das Projekt in rosa Farbe schildern. Sprich unter vier Augen in einer unverfänglichen Umgebung, z.B. bei einem Glas Bier, mit Doktoranden und unbeteiligten Postdoks des Labors.

"Das Volk getaeuscht durch den falschen Schein des Guten, begehrt oft sein Verderben und laesst sich leicht durch grosse Hoffnungen und uebertriebene Versprechungen verfuehren."

Machiabelli, Discorsi

3.   Achte darauf, daß du nicht undankbare Pionierarbeit leistest, deren Gewinn ein anderer einstreicht. Eine Doktorarbeit anzunehmen, in der hauptsächlich neue Methoden ausgearbeitet werden, gleicht dem Roden von Wald für den Acker eines anderen. In Anschlägen oder Anzeigen liest sich das so: Wir suchen einen außergewöhnlich motivierten Mitarbeiter, der ein neuartiges Zellkultursystem aufbaut, um zu ... . "Zellkultursystem" kann beliebig ersetzt werden durch "molekularbiologische Methoden" oder "Fixierungssystem für

Gehirnschnitte" etc. Andererseits sollten die Methoden deiner Doktorarbeit nicht allzu klassisch sein, denn eine Fertigkeit, die jeder kann, ist nicht begehrt.

4. Ein Professor ist in der Regel eitel und daher empfänglich für Schmeicheleien. Zuviel Schmeicheln aber macht dich bei deinen Kollegen unbeliebt und handelt dir die Verachtung des Geschmeichelten ein. Mittelbares Schmeicheln ist weniger demütigend: Sage über deinen Professor außerhalb des Labors - und vor allem gegenüber anderen Professoren - nur das Beste. In 6 von 10 Fällen wird ihm das zugetragen und nimmt ihn mehr für dich ein als direktes Füßelecken.

"Die Menschen sind ja von solcher Selbstgefaelligkeit und taeuschen sich in ihrer Meinung ueber sich selber so sehr, dass es ihnen schwerfaellt sich gegen diese Seuche (Schmeichelei d.A.) zu schuetzen."

Machiabelli, Il Principe

5. Die Labors sind voll von enttäuschten Postdoks, die auf den Professor schimpfen. Sie sagen, er sei eine wissenschaftliche Schlafmütze, unfähig, erfolgreiche Strategien auszudenken, ungerecht und undankbar in der Behandlung der Mitarbeiter etc. Auch wenn sie meistens recht haben, schimpfe nicht mit, denn in fast jedem Labor trägt jemand das dem Chef zu. Deine Aufgabe ist nicht, den Kohlhaas zu spielen, sondern selbst Professor zu werden, über den hergezogen und für den gearbeitet wird. Laß vor dem zutragenden Mitarbeiter - unter vier Augen - hin und wieder ein gutes Wörtchen über den Professor fallen.

6. Beende die Doktorarbeit so schnell wie möglich, spätestens aber nach drei Jahren. Länger zu promovieren ist verlorene Zeit, die nicht nur dem Geldbeutel schadet, sondern auch dem Ruf, und zwar dem des Doktoranden. Wer 5 oder gar 6 Jahre an einer Arbeit herumdoktert, versteht entweder nichts vom Experimentieren oder hat keinen Ehrgeiz. Das sagt sich der, bei dem sich der frischgebackene Doktor später um eine Postdokstelle bemüht - und dem ist es gleichgültig, wer die Schuld an der ewigen Doktorarbeit trägt.

Manchem Doktorvater gefällt es, den eingearbeiteten, billigen Knecht so lange wie möglich festzuhalten, andere Professoren schätzen Dauer oder Erfolgsaussichten eines Arbeitsthemas falsch ein. Die Folgen hat allein der Doktorand zu tragen. Meist trägt er sie schweigend, teils aus Unterwürfigkeit gegenüber dem Ranghöheren, teils weil die jahrelange Erfolglosigkeit sein Selbstbewußtsein auf mikroskopische Dimensionen verkleinert hat. Kündigt er, verliert er den bisher gemachten Einsatz und muß in einem anderen Labor wieder von vorn anfangen.

Der Doktorand legt deshalb den Doktorvater beim Einstellungsgespräch auf das Versprechen fest, ihn innerhalb von drei Jahren zu promovieren. Da das Versprechen rechtlich nicht bindet, glaubt es der Doktorand auch nicht blind, sondern versucht in Erfahrung zu bringen, wie lange die Doktorarbeiten seiner Vorgänger dauerten.

"Ich halte es fuer einen der groessten Beweise menschlicher Klugheit, sich in seinen Worten jeder Drohung und Beleidigung zu enthalten. Weder das eine noch das andere schwaecht den Feind; vielmehr machen ihn Drohungen nur vorsichtiger, und Beleidigungen steigern seinen Hass gegen dich."

Machiavelli, Discorsi

Besser als Erkenntnismätzchen helfen dir Beziehungsnetzchen

1. Auch für den Postdok gilt die Regel Nr. 1: Arbeite nur bei einem berühmten Professor! Deine Zeit ist knapp und Mittelmäßigkeit Verschwendung.

2. Wechsle nach der Doktorarbeit das Labor. Es heißt sonst: Der ist nur immer beim X. gewesen, und du hast den Ruf eines Günstlings von X., womöglich ohne das auch wirklich zu sein. Der Ruf eines Günstlings von X. zieht dir die Gegnerschaft seiner Neider zu. Sie werden deiner Karriere entgegenarbeiten, um X. eins auszuwischen, der, ihrer Meinung nach, schon zuviel vom Kuchen abbekam.

3. Wenn das Thema der Doktorarbeit erfolgreich war und Zukunft hat, behalte es bei und versuche, deinen Namen daran zu nageln.

4. Der Laborwechsel gibt Gelegenheit, den BtA- (Been to America-) Grad zu machen und 1500 bis 3000 Hamburger lang (drei pro Tag: morgens, mittags, abends) in USA zu bleiben. Besorge dir ein Stipendium (z.B. ein Forschungsstipendium der DFG). Einen Mitarbeiter, der nichts kostet, nimmt jede Arbeitsgruppe freudig auf. Ganz Schlaue lassen sich aber von ihrem amerikanischen PI - unter der Hand - ein zusätzliches amerikanisches Postdok-Gehalt (16-18000 $ im Jahr) auszahlen.

Selbstverständlich sucht sich der aufstrebende Postdok ein berühmtes amerikanisches Institut, wie Rockefeller, Harvard, MIT, Caltech oder Yale, und eine bekannte Arbeitsgruppe. Das gibt zusätzliches Prestige - und Prestigegewinn ist der Zweck deines USA-Aufenthaltes. Dieses eherne Gesetz darfst du bei aller Begeisterung für die Wissenschaft nicht aus den Augen verlieren.

Wer sich mit seinem einflußreichen Doktorvater gut versteht, sollte den BtA bei dem amerikanischen Freund des Doktorvaters machen und hinterher unter die Fittiche des mächtigen Mannes zurückkehren.

Der USA-Aufenthalt sollte höchstens 2 Jahre dauern; das reicht, um sagen zu können, ich bin z.B. in Harvard gewesen. Ein längerer Aufenthalt schwächt deine Verbindungen nach Deutschland - und es ist in Deutschland, wo die interessanten Stellen vergeben werden.

5. Kampffreudige Postdoks mit Rednerbegabung, denen das Schicksal einen älteren Ordinarius mit cholerischem Charakter und vielen Feinden bescherte, können diesen Nachteil ausgleichen, indem sie zur Konkurrenz des Doktorvaters überwechseln. Sie erwerben damit das Wohlwollen seiner Feinde, die den Abtrünnigen fördern, um dem Alten eins auszuwischen.

Streite dich auf Kongressen mit deinem Doktorvater. Das haftet im Gedächtnis der Leute und gibt dir den Vorteil des David-und-Goliath-Effekts: Der kleine Postdok wehrt sich tapfer gegen den mächtigen Professor. Selbst wenn du anfänglich den kürzeren ziehst, das letzte Wort hast du, denn dein Doktorvater wird - aus biologischen Gründen - die Wissenschaft lange vor dir verlassen.

6. Feilsche, bevor du eine Stelle annimmst, zäh um Vergünstigungen wie die Habilitation, die Doktorandenstellen, die Seniorautorposition auf deinen Papers oder einen Zuschuß zu den Umzugskosten. Das schadet dir nicht, sondern steigert dein Ansehen: Was man umsonst erhält, wird gering geachtet.

Gib nichts auf undeutliche Zusagen oder unverbindliche Wohlwollenserklärungen, sondern triff klare, schriftliche Absprachen. Auf Ausreden wie, das muß erst mit dem Rektorat abgeklärt werden, oder, ich werde tun, was ich kann, gehst du nicht ein: Meistens bedeutet das, der Herr will nicht - und kann er wirklich nicht, dann diene keinem Herrn mit so geringem Einfluß. Verlasse dich auch nicht auf die Ehrlichkeit eines Professors:

"Jeder sieht ein, wie lobenswert es fuer einen Herrscher ist, wenn er sein Wort haelt und ehrlich und ohne Verschlagenheit seinen Weg geht. Trotzdem sagt uns die Erfahrung unserer Tage, dass gerade jene Herrscher bedeutendes geleistet haben, die nur wenig von der Treue halten und es verstanden haben, mit Verschlagenheit die Koepfe der Menschen zu verdrehen; und schliesslich haben sie ueber diejenigen die Oberhand gewonnen die ihr Verhalten auf Ehrlichkeit gegruendet haben."

Machiabelli, Il Principe

7. Dein Professor wird sich auf irgendeine Weise mit einem Thema einen Namen gemacht haben. Arbeitest du über dieses Thema, schreibt die Außenwelt deine Ergebnisse vollständig dem Konto des Chefs gut. Von dir heißt es: Der hat nie etwas Eigenes gemacht.

Zudem wird sich dein Gönner keine Konkurrenz heranzüchten wollen, und der Versuch, sich mit dem Forschungsthema des Professors selbständig zu machen, wird auf seinen erbitterten Widerstand stoßen. Leider betrachten die meisten Professoren auch neue Forschungsthemen, selbst wenn sie vollständig von dir erarbeitet wurden, nach einer Weile ebenfalls als ihr Eigentum. Das ist besonders dann der Fall, wenn das Thema beachtliche Papers abwarf, auf denen der Professor den Seniorautor spielte.

8. Beurteile den Willen eines Professors, seine Untergebenen zu fördern, nicht nach seinen Worten, sondern nach seinen Handlungen. Wie viele seiner ehemaligen Mitarbeiter haben den Sprung zur Selbstständigkeit oder wenigstens die Habilitation geschafft?

9. Laß früh viele Doktoranden für dich arbeiten und beschränke dich auf das Verkaufen, Schreiben und Politisieren. Von eigener Arbeit ist noch niemand reich geworden.

Die Doktoranden solltest du selbst auswählen und dabei auf zwei Dinge achten: wissenschaftlichen Ehrgeiz - und daß sie dieses Buch nicht zu Gesicht bekommen. Hüte dich vor Studenten, die nur eine Doktorarbeit machen wollen, weil ihnen nichts besseres einfällt, oder die den Titel für die Industrie brauchen. Dein Mann muß vom Ehrgeiz zerfressen, intelligent und naiv sein sowie unbedingt Wissenschaftler werden wollen. Wenn du ihn nicht wie einen Volksschüler behandelst, dem regelmäßig die Hausaufgaben nachgesehen werden müssen, arbeitet er aus eigenem Antrieb wie eine Ameise, liefert Ideen und läßt sich mit geringer Mühe ausnutzen. Ihn zu finden braucht Geduld. Unter 10 Doktoranden besitzt vielleicht einer diese Eigenschaften in der richtigen Mischung.

"Ich bin der festen Ueberzeugung, dass es selten oder ueberhaupt nie vorkommt, dass Menschen aus kleinen Verhaeltnissen ohne Gewalt und ohne Betrug zu hohem Rang gelangen."

Machiabelli, Discorsi

10.   Wichtiger als Ergebnisse zu haben ist es, Gefolgschaftstreue zu zeigen. Denke dich in die Interessenlage des Professors hinein: Was hat er schon davon, einem guten Wissenschaftler zu einem Lehrstuhl zu verhelfen? Besser hilft der Professor einem Mann nach oben, der ihm in Komitees und Sitzungen die Stange hält. Treue zu zeigen oder zu heucheln kostet bei einem durchschnittlichen Professor Überwindung und schauspielerische Begabung. Aber gerade der jämmerliche Durchschnitt braucht Treue am nötigsten und legt deswegen größten Wert darauf. Das ist ein weiterer Grund, sich nur bei berühmten Professoren zu verdingen, denn es ist einfacher, vor einem Mann mit einer Begabung Respekt zu haben. Berühmte Professoren können etwas.

Entweder haben sie eine glückliche Hand in der Wahl ihrer Mitarbeiter, oder sie verfügen über Organisationstalent, Rednergabe, politische Gewandtheit oder die Fähigkeit, die Pächter ihrer wissenschaftlichen Äcker zu Höchstleistungen anzutreiben. Zwar verfügt der Autor darin über keine eigenen Erfahrungen, aber langjährige Beobachtungen festigten bei ihm die Vermutung, daß - falls wissenschaftlich durchgeführt - auch Arschkriechen erfolgreich sein kann. So altertümliche Techniken wie dem Chef Informationen über andere Mitarbeiter zutragen, ihn über die Stimmung im Labor zu unterrichten, helfen auch in der modernen deutschen Wissenschaft weiter. Erfolg ist Erfolg, das sollte man sachlich sehen.

"Denn wenn man alles genau betrachtet, so wird man finden, dass manches was als Tugend gilt zum Untergang fuehrt, und dass manches andere, das als Laster gilt, Sicherheit und Wohlstand bringt."

Machiabelli, Il Principe

11. Der aufstrebende Postdok sucht die Bekanntschaft einflußreicher, deutscher Magnaten. In Gesprächen vermittelt er den Eindruck des dynamischen, begeisterten Wissenschaftlers mit Zukunft und lobt ehrfurchtsvoll die Ergebnisse und Arbeitsthemen des Gesprächspartners. Die Seele des Ordinarius braucht das wie der Esel sein Heu. Es tut ihm gut, was er längst schon wußte von einem offensichtlich äußerst vielversprechenden und gescheiten Nachwuchswissenschaftler bestätigt zu bekommen.

Daß deine Forschungen unabdingbar sind für das Überleben der Menschheit und/oder die Wettbewerbsfähigkeit der deutschen Industrie, gehört in Festreden und Forschungsanträge. Bei einem Magnaten erweckst du mit solchem Unsinn höchstens die Vorstellung eines unausgereiften Jünglings. Doch solltest du den Eindruck erwecken, daß du andere von der grundlegenden Bedeutung deiner Forschung überzeugen kannst.

12. Verkaufe deine Forschungsergebnisse gut. Hast du keine oder nur wenige, dann denke daran, daß es durch Müllverwertung schon mancher zu Reichtum und Wohlstand gebracht hat. Veröffentliche, wo du kannst, wie du kannst und sooft du kannst. Veröffentliche auch den kleinsten Mist - und wenn du keinen gemacht hast, veröffentliche den Mist anderer, oder denke dir eine neue Hypothese aus. Schreib dir die Seele aus dem Leibe, aber schreibe, schreibe, schreibe!

Gehe so oft wie möglich auf Kongresse. Bekommst du keine Einladung zum Reden, dann nagele wenigstens ein Poster auf und nimm an den sozialen Veranstaltungen teil. Die armen Professoren fühlen sich auf Kongressen oft einsam und allein. Besonders abends wissen sie nichts mit sich anzufangen und suchen die Gesellschaft ihrer Untergebenen: Eine gute Gelegenheit, Bekanntschaften zu machen.

"Man sieht oft, dass Bescheidenheit gar nichts nuetzt, ja dass sie nur schadet."

Machiabelli, Discorsi

13. Gib nie zu, daß dein Forschungsprojekt nicht läuft. Der aufstrebende Postdok ist immer zuversichtlich und steht kurz vor einem bedeutenden wissenschaftlichen Durchbruch, auch wenn es absehbar ist, daß im nächsten Jahr höchstens der Geduldsfaden reißt und ein paar Glasplatten durchbrechen. Er handelt nach der Formel bluff: beeindrucken, loben, umstricken, fröhlich faseln.

119

14. Habilitiere dich so früh wie möglich und suche eine selbständige Stelle. Ist im Alter von 33 bis 34 Jahren noch keine selbständige Stelle in Aussicht, dann wird es Zeit, das Handtuch zu werfen und sich in Industrie und Handel umzuschauen.

"Denn zwischen dem Leben, wie es ist, und dem Leben wie es sein sollte, ist ein so gewaltiger Unterschied, dass derjenige, der nur darauf sieht was geschehen sollte, und nicht darauf, was in Wirklichkeit geschieht, seine Existenz viel eher ruiniert als erhaelt."

Machiabelli, Il Principe

8. WÖRTERBUCH

Antikörper: Eiweiße, die zum Schutz des Körpers von bestimmten weißen Blutkörperchen abgegeben werden und nicht-körpereigenes Material, z.b. Bakterien, binden.

Autoradiogramm: keine Gewichtseinheit von Blaupunkt, sondern ein Röntgenfilm, der in Kontakt mit einer radioaktiven Strahlenquelle, z.b. einem mit radioaktiven Eiweißen beladenem Gel, stand. Über die Schwärzung des Films wird Menge und Ort der Strahlung nachgewiesen.

BAT: Bundesangestelltentarif.

BATmann: Mann, der nach Bundesangestelltentarif (BAT) bezahlt wird. Mit Batman hat BATmann gemeinsam, daß beide in Höhlen wohnen und zu besonderen Gelegenheiten immer den gleichen, aus der Mode gekommenen Anzug tragen.

Bindungstest: Im Bindungstest wird die Bindung von Molekülen, sogenannten Liganden, an andere Moleküle, z.b. Rezeptoren* bestimmt. Der Ligand ist in der Regel ein mit 3H oder 125I markiertes radioaktives Molekül, das den langweiligen Bindungstests den Reiz des Abenteuers gibt.

BMFT: Bundesministerium für Forschung und Technologie. Es handelt sich hierbei um eine größere Gruppe von Beamten mit einem Minister an der Spitze. Sie forschen nicht, sie wissen nicht, wie das geht, und sie wissen nicht, wer es kann. Sie sind also unparteiisch und daher vom Gesetzgeber beauftragt, Steuergelder für Forschungsprojekte zu verteilen.

C3: Gehaltsstufe eines außerordentlichen Professors.

C4: ausgesprochen Zephir*. C4 ist die Gehaltsstufe eines Lehrstuhlinhabers, auch ordentlicher Professor oder Ordinarius genannt. Die Lehrstuhlinhaber sind die Creme de la Creme der deutschen Forschung - das Fett, das ganz oben schwimmt.

cDNA: copy DNA* oder complementary DNA; DNA, die von einem Enzym, der reversen Transkriptase, nach einer mRNA-Vorlage synthetisiert wurde.

---

*   Erläuterungen Kapitel 8, Wörterbuch

chromatographieren: Auftrennen einer Molekülmischung auf einem mit Trennmaterial gefüllten Rohr, einer sogenannten Säule.

CNRS: Centre National de la Recherche Scientifique, eine staatliche französische Forschungs-Organisation, das Äquivalent zur deutschen Max-Planck-Gesellschaft.

Counter: Zähler, ein Gerät, das die Zahl der radioaktiven Zerfälle, die "counts", einer Probe mißt.

cRNA: von copy oder complementary RNA (siehe cDNA).

dekantieren: Abtrennen einer Flüssigkeit von einem Feststoff durch Abgießen. Die Hausfrau dekantiert, wenn sie das Kochwasser der Kartoffeln abgießt.

Diagnostika: Reagenzien, die dem Erkennen und Nachweis einer Krankheit dienen.

DNA: Desoxyribonukleinsäure; ein sehr langes, fadenförmiges Molekül, das aus 4 verschiedenen Desoxyribonukleotiden aufgebaut ist. Die DNA ist die Erbsubstanz und trägt Information in der Abfolge (Sequenz) der 4 Desoxyribonukleotide.

Elektrophorese: Wanderung von geladenen Teilchen, z.B. Eiweißen oder DNA, in einem elektrischen Feld.

Enzym: Eiweiß, das chemische Reaktionen katalysiert.

exponieren: aussetzen, z.B. einen Röntgenfilm einer radioaktiven Strahlung.

extrahieren: ausziehen, z.B. Phospholipide aus Hirnmembranen, Tee aus Teeblättern, Brühe aus Fleisch.

Filter ziehen: oft angewandte molekularbiologische Arbeitsmethode. Auf Bakterienkulturen in Agar werden Filter aufgelegt. Die Bakterien kleben am Filter und können mit dem Filter abgezogen werden. Das Filter ist dann eine Kopie der Bakterienkultur.

fraktionieren: Aufteilen einer Flüssigkeit in gleiche Teile. Diese Handlung nimmt auch der Laie öfters vor, so fraktioniert er mit dem Schöpflöffel die Suppe.

Gel: Protein- oder DNA-Gemische werden durch Elektrophorese* in Gelen aufgetrennt. Die meisten Gele bestehen aus vernetztem Acrylamid oder aus Agarose.

Hamiltonspritze: teure Präzisionsspritze aus Glas.

---

*   Erläuterungen Kapitel 8, Wörterbuch

Hämoglobin: Das sauerstoffbindende Protein der roten Blutkörperchen.

homogenisieren: In der Biochemie steht dieses Wort meistens für das Zerkleinern von Gewebe (Hirn, Muskel etc.) mittels bestimmter Maschinen.

HPLC: Abkürzung für High performance liquid chromatography. Die HPLC ist eine weitverbreitete Methode, Molekülgemische aufzutrennen.

Hybridisierungsbedingungen: Begriff aus der Molekularbiologie. Die Bedingungen, unter denen DNA- oder RNA-Moleküle an andere DNA- bzw. RNA-Moleküle binden (hybridisieren).

Ionen: geladene Moleküle und Atome wie z.B. Na^+ oder K^+.

Ionenkanal: Eiweiß der Zellmembran, durch das Ionen wie Na^+, K^+ oder $Ca2^+$ durchtreten.

Klonierung, klonieren: Die Abkömmmlinge eines einzigen Bakteriums bilden einen Klon. Alle Mitglieder eines Klons haben die gleiche genetische Information. Beim Klonieren wird ein Stück DNA in ein Bakterium, meistens E. coli, eingebaut. Das geschieht mir Hilfe von "Vektoren" (Plasmide, Phagen, Cosmide,...). Die Abkömmlinge des Bakteriums, sein Klon, werden dann isoliert. Alle diese Bakterien enthalten das bewußte Stück DNA. Die DNA wurde damit kloniert.

kontaminieren: Der Forscher geht täglich mit Substanzen um, die radioaktive Isotope wie 3H, 125I, 32P oder 35S enthalten. Trotz aller Vorsicht kommt es vor, daß Arbeitstische, Pipetten oder gar die Hände mit diesen strahlenden Substanzen verunreinigt werden. Die Gegenstände sind dann kontaminiert und müssen dekontaminiert werden.

Magnat: ein Angehöriger des ungarischen Hochadels, das Wort steht auch für Großgrundbesitzer.

Max-Planck-Direktor: Direktor einer selbständigen Abteilung eines Max-Planck-Instituts. Die Stellung des Max-Planck Direktors entspricht etwa der des Lehrstuhlinhabers, ist aber höher angesehen, weil der Max-Planck-Direktor finanziell besser ausgestattet ist und keine Lehrverpflichtung hat.

Membran: Damit ist die Zellmembran gemeint. Sie besteht aus einer Doppelschicht von Fetten, sog. Phospholipiden, in die Proteine, die Membranproteine, eingelagert sind.

Mikrotom: Gerät zur Herstellung dünner (5 bis 100 μm) Schnitte aus fixiertem Gewebe.

123

Mimikry: Man spricht von Mimikry, wenn schwache und wehrlose Tiere das Aussehen und Verhalten von wehrhaften oder widerlich schmeckenden Tieren nachahmen, um sich vor Feinden zu schützen.

mRNA: messenger- oder Boten-RNA. Die mRNA enthält die Information für Abfolge der Aminosäuren eines Proteins. Beim Bau des Proteins wird diese Information von der mRNA abgelesen.

Neurotransmitterrezeptor: Ein Protein der Zellmembran von Nerven- oder Muskelzellen. Neurotransmitterrezeptoren binden die Botenstoffe der Nervenzellen, wie Acetylcholin, γ-Aminobuttersäure oder Glutamat, und bewirken daraufhin bestimmte Änderungen im Zellstoffwechsel, z.B. die Öffnung eines Ionenkanals.

Nuer: Nilotischer Volksstamm mit verwickelten Verwandtschaftsverhältnissen. Die Nuer sind im Süden der Republik Sudan ansässig.

Oligonucleotid: Molekül, zusammengesetzt aus zwei bis mehreren Nukleotiden. Nukleotide sind die Bausteine von DNA und RNA.

Oocyt: Eizelle; in dem Zusammenhang sind die Eizellen des südafrikanischen Krallenfrosches Xenopus laevis gemeint.

Peer: Angehöriger des britischen Hochadels, im weiteren Wortsinn Gleicher, Ebenbürtiger.

Peptid: Molekül, zusammengesetzt aus mehreren Aminosäuren.

pH-Meter: Gerät zur Messung des pH. Der pH ist ein Maß für die Wasserstoffionenkonzentration einer Lösung.

Pipette: Gerät zum Abmessen und Verteilen von Flüssigkeitsmengen.

Plasmid: Ein Ausdruck aus der Molekularbiologie. Plasmide kommen in Bakterien vor. Es sind ringförmige Doppelstrang-DNA-Moleküle.

Promoter: Gensequenz, die die Transkription, die Bildung von prä-mRNA*, steuert.

Protein: Eiweiß.

Puffer: Eine Lösung, die auf Zugabe von Säuren oder Laugen ihren pH-Wert nicht wesentlich ändert.

Rezeptor: Empfänger; Eiweißmolekül, das ein anderes Molekül (z.B. ein Hormon oder Neurotransmitter) bindet und daraufhin eine Änderung im Zellstoffwechsel bewirkt.

---

*   Erläuterungen Kapitel 8, Wörterbuch

RNA: Ribonukleinsäure, ein Kettenmolekül aus Ribonukleotiden.

Rotor: siehe Zentrifuge.

Scintillator: Manche Counter* messen die radioaktiven Zerfälle einer Substanz über die Lichtblitze, die die zerfallenden Atome in einer besonderen Lösung erzeugen. Diese Lösung heißt Scintillator.

SDS-Gel: farbloser Gelpudding aus Acrylamid zwischen zwei Glasplatten. Der Pudding enthält die Seife Natrium-dodecylsulfat abgekürzt SDS (von sodium-dodecylsulfate). Er dient zum Auftrennen von Eiweißmischungen nach ihrem Molekulargewicht.

sequenzieren: Bestimmen der Abfolge der Aminosäuren in einem Protein oder der Nukleotide in DNA oder RNA.

Stachonowaktivist: Stachonow war Rekordarbeiter im stalinistischen Rußland, der zur Gallionsfigur einer staatlich gelenkten Bewegung wurde. Deren Ziel war es, Stachonowaktivisten, Rekordarbeiter, heranzuziehen.

Toxin: Gift pflanzlichen oder tierischen Ursprungs.

Wachstumsfaktor: Molekül, das die Zellvermehrung anregt.

Zentrifuge: In einer Zentrifuge dreht sich ein Gefäß, der Rotor, mit Geschwindigkeiten bis zu 50 000 Umdrehungen pro Minute um die eigene Achse. Durch die Kreisbewegung entstehen Schwerefelder bis zu 200 000 g, die zur Sedimentation von Eiweißen, DNA oder RNA eingesetzt werden.

Zephir: milder Südwestwind; siehe auch C4.

Zitronensäurezyklus: Beim Zitronensäurezyklus, auch Krebs-Zyklus genannt, handelt es sich um eine Reihe von biochemischen Reaktionen, die in den Mitochondrien ablaufen. Der Zitronensäurezyklus liefert die Substrate für die Atmungskette und damit für die Energiegewinnung. Er ist einer der zentralen und grundlegenden Reaktionszyklen der Zelle.

---

*   Erläuterungen Kapitel 8, Wörterbuch

Conrad Grau
Berühmte Wissenschaftsakademien
Von ihrem Entstehen und weltweiten Erfolg.
1988, 344 Seiten, zahlreiche farbige und s/w-Abbildungen, geb. mit Schutzumschlag, im Schuber, DM 68,-
ISBN 3 8171 1043 X
Im Geist der Renaissance und des Humanismus entstanden, breitete sich im Verlauf von 500 Jahren der Akademiengedanke als eine Form der Wissenschaftsorganisation über alle Kontinente aus. Wesentliche Aspekte der Geschichte dieser weltweiten Institutionen spiegeln die Zeitströmungen wider. Gesellschaftliche, ökonomische und geistige Hintergründe in all ihrer Widersprüchlichkeit erhellen das Wirken großer Persönlichkeiten innerhalb der Akademien.

Berühmte Wissenschaftsakademien

Von ihrem Entstehen und ihrem weltweiten Erfolg

Verlag
Harri Deutsch

Dieser Darstelllung folgt ein nach Städten geordnetes informatives Auswahlverzeichnis bestehender Akademien. Ein repräsentativer Geschenkband für alle, die sich mit Wissenschaftsgeschichte befassen. "Fundierter, hervorragend illustrierter Überblick des Historikers über Entwicklungs- und Wirkungsgeschichte von Wissenschaftsakademien (begrenzt auf Akademien der Natur- und/oder Gesellschaftswissenschaften) in den vergangenen 500 Jahren. Der chronologischen Darstellung im ersten Teil folgt eine alphabetische nach Orten gegliederte Beschreibung von 88 Instituten der Gegenwart, Literaturverzeichnis sowie Orts- und Personenregister."

(Informationsdienst für öffentliche Bibliotheken)

Verlag Harri Deutsch
- Preisänderungen vorbehalten -

Wolfgang Stiller
Ludwig Boltzmann
Altmeister der klassischen Physik -
Wegbereiter der Quantenphysik und Evolutionstheorie
1989, 202 Seiten, 51 Abbildungen, 19 Übersichten, geb., DM 48,-
ISBN 3 8171 1115 0
Hauptanliegen des Buches ist es, Boltzmanns Werk so fachbezogen wie nun einmal nötig, zugleich aber so anschaulich wie möglich darzustellen. Seine Ideen verkörpern uns heute zugleich Reife und Wende in der Physik des ausklingenden 19. Jahrhunderts. Mit seinen klassisch physikalischen Untersuchungen zur Mechanik und Akustik, Elektrodynamik, Hydrodynamik und vor allem der Thermodynamik und kinetischen Gastheorie bereichert und verteidigt er bewährte Disziplinen der theoretischen Physik gegen zu konservative oder modernistische Bestrebungen seiner Zeit. Einige Ideen Boltzmanns zur Evolutionsbiologie lassen bereits Grundgedanken zur heutigen Theorie der Selbstorganisation erkennen. "Fachbezogen und zugleich anschaulich werden Leben und Werk des großen Physikers dargestellt. Seine Hauptarbeitsgebiete Elektrodynamik, Thermodynamik und Statistik sowie seine Wirkungsstätten werden vorweg beschrieben. Es folgt eine breitgefächerte Expertenbefragung seiner Zeitgenossen, in der der Leser tiefer in die damalige Zeit und das wissenschaftliche Umfeld eingeführt wird. Dabei werden jeweils Lebensdaten, Entwicklung und Werk der Persönlichkeiten kurz vorgestellt. So wird ein für die heutige Physik prägender Abschnitt der Entwicklung von etwa 1850 bis 1910 transparent. Wer sich mit der Ideenwelt der heutigen Physik auseinanderzusetzen hat, sollte dieses Buch kennen, um aus dem historischen Werdegang die Richtung für die zukünftige Entwicklung der Wissenschaft erkennen zu können." Praxis der Naturwissenschaften, 7/90

Lexikon bedeutender Chemiker
Von Winfried R. Pötsch u.a.
1989, 470 Seiten, Leinen mit Schutzumschlag, DM 34,-
ISBN 3 8171 1055 3
Das Lexikon enthält rund 1600 Biografien von Chemikern bzw. Wissenschaftlern angrenzender Gebiete, die die Geschichte der Chemie vom Altertum bis in unsere Tage repräsentieren. Die Autoren trugen in 10 Jahren tausende von Informationen aus z.T. schwer zugänglichen Quellen zusammen. Den biografischen Daten und wichtigsten Ausbildungs- und Wirkungsstätten folgen hervorzuhebende wissenschaftliche Leistungen sowie eine Würdigung und historische Einordnung des Schaffens.

Verlag Harri Deutsch
- Preisänderungen vorbehalten -

Lexikon
bedeutender
Chemiker

Verlag Harri Deutsch

Fritz Wolf
Das Atom
Wie man's gebar, wie sich's bewegte und wie man es in Trümmer legte
1988, Nachdruck der 4. erweiterten Auflage, 224 Seiten, zahlreiche Abbildungen
und Karikaturen, kart., DM 24,-
ISBN 3 8171 1095 2
Eine Geschichte der Atomphysik in Reimen, die dem Laien, aber auch dem
Fachmann viele vergnügliche Einsichten vermittelt. Die physikalischen Modell-
vorstellungen sind so anschaulich (und oft hintergründig) wiedergegeben, daß
man das Büchlein jedem naturwissenschaftlich Interessierten als wirklich kurzwei-
lige Lektüre empfehlen kann.

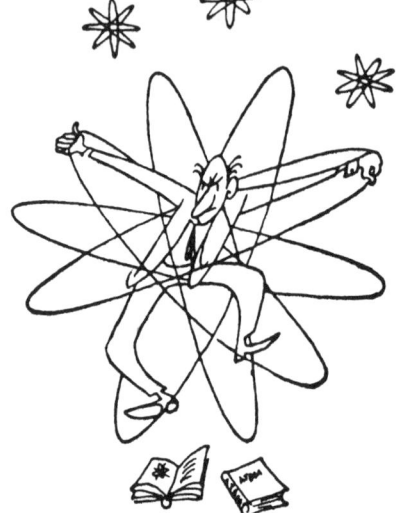

Arkadi Migdal
Auf der Suche nach Wahrheit
Ein Physiker erzählt
Übersetzung aus dem Russischen
1990, 184 Seiten, geb. mit Schutzumschlag, DM 19,80
ISBN 3 8171 1154 1
Arkadi Migdal ist einer der führenden theoretischen Physiker der Sowjetunion.
Sein ungewöhnliches Buch bietet überraschende Ausblicke auf eine an sich schwer
verständliche Wissenschaft. Er führt den Leser ein in die mathematisch schwieri-
gen physikalischen Theorien unseres Jahrhunderts. Er fragt nicht nur, wie eine
Theorie entsteht, untersucht nicht nur ihren philosophischen und psychologischen
Werdegang, sondern setzt auch auseinander, wie sich der Arbeitsstil im Laufe der
Jahrhunderte verändert hat.
(Sein Buch erhielt den Preis "Beste populärwissenschaftliche Publikation der
Sowjetunion 1983")

Verlag Harri Deutsch
- Preisänderungen vorbehalten -